황제내경
黃帝內經

황제내경
黃帝內經

황제 지음
·
이창일 옮김

책세상

일러두기

1. 이 책은 《황제내경(黃帝內經)》의 사상을 잘 전달하고 있다고 생각되는 편篇과 장章을 골라 옮긴 것이다. 현저하게 전문적인 내용이나 현대의 과학적 관점과 지나치게 상충하는 부분은 선택하지 않는다는 원칙하에 옮긴이가 발췌했다. 총 10개의 주제를 임의로 설정해서 각 주제에 맞는 편들을 발췌했으며, 따라서 이 책의 구성은 《황제내경》 원서의 구성과 일치하지 않는다.

2. 《문연각사고전서文淵閣四庫全書》, 第733冊, 子部39, 醫家類, 影印版(臺北: 臺灣商務印書館, 1985)을 대본으로 삼았다. 그리고 홍원식이 번역한 《황제내경소문·영추》(고문사, 1990)와 《황제내경소문》(전통문화연구회, 1992), 《황제내경영추》(전통문화연구회, 1994)를 참고했다.

3. 이 책에 실린 그림은 명대明代 장개빈張介賓의 《유경도익類經圖翼》(《문연각사고전서》 第776冊, 子部82, 醫家類, 影印版)에서 발췌했다.

4. 가급적 우리말로 옮겼지만 고전의 맛이나 《황제내경》이 가진 특별한 분위기와 맥락을 고려해서 한자어를 그대로 쓰기도 했다.

5. 주는 모두 옮긴이의 주다.

6. 주요 인명과 책명은 최초 1회에 한해 원어를 병기했다.

7. 단행본과 잡지는 《 》로, 논문이나 소론은 〈 〉로 표기했다.

《황제내경黄帝内經》은 지금으로부터 2,000여 년 전에 씌어진 의학 문헌이다. 이 책은 한 사람에 의해 씌어진 것이 아니고 중국 문명의 원형적 모습이 형성되었던 진한秦漢 시대에 걸쳐서 도가道家 철학 계열의 사람들에 의해 집성된 것으로 보인다. 《황제내경》은 중국 고대에 수립된 의학 체계이지만, 서구 근대 문명에 의해 정립된 서양 의학과 더불어 현재 우리가 영위하고 있는 의학 체계의 양대 기둥을 이루는 동양 의학의 이론적 근거가 되고 있다.

그런데 이 문헌은 다른 고전 문헌들에 비해 매우 특별한 지위를 가지고 있다. 이 특별한 지위는 이 문헌에 제시된 이론 체계가 오랜 세월이 지나도 여전히 실용적인 차원에서 반복되고 재생된다는 데서 확보된다. 이는 나름대로 의학적 경험을 정비해온 다른 문명에서는 찾아보기 힘든 사실이다. 다시 말해 하나의 의학 이론과 체계가 역사의 어느 한 시점에서 단절되지 않고 연속성을 가지고 계승되어왔다는 것에 많은 사람들이 놀라움을 금치 못하고 있는 것이다. 이런 놀라움은 "세계 문명사의 기적 가운데 하나로 꼽아야 할 것"[1]이라는 말로 곧잘 표현된다.

《황제내경》은 기원 전후 시기에 다른 많은 고전들과 함께 형성되었는데, 그러한 많은 고전들이 공유하고 있는 우주론을 《황제내경》 또한 매우 분명하게 제시하고 있다. 그것은 음양우주론 혹은 음양오행론이라고 불리는 이론이다. 이때의 우주론이란 우주의 탄생과 발생을 다루는 이론이라기보다는, 인간을 둘러싼 환경을 이해하는 가장 기본적인 인식 체계라고 할 수 있다. 음양오행론은 《황제내경》을 성립시킨 가장 기본적인 인식 체계라고 할 수 있다. 또한 《황제내경》이 그토록 장구한 세월 동안 인간의 삶에서 퇴색하지 않고 실용적 앎의 체계로 살아 움직인 비밀은 그 인식 체계, 곧 음양오행론에 있다고 할 수 있다. 그렇다면 문제는 음양오행론이다. 《황제 내경》을 가리켜 '문명사의 기적' 운운하는 것은 자기 미화까지는 아니더라도 좀 과장된 표현처럼 보일 수 있다. 그러나 주의 깊게 살펴보면 이것이 단순히 과장에 불과한 것이 아님을 발견할 수 있다.

현대를 살고 있는 우리의 상식적 감각으로는 과학적 이론이 신뢰할 수 있는 가장 확실한 지식으로 여겨진다. 이를 부정할 만큼 용기 있는 사람은 별로 없을 것이다. 그런데 과학 이론을 보면 간혹 어떤 이론이 더 설득력이 탁월한 다른 이론에 자리를 내주기도 하고, 또한 하나의 현상을 놓고 이를 달리 해석하는 다수의 이론이 경합하기도 하는 것을 알 수 있다. 인간은 과학이 영원불변의 진리를 제시해주리라 기대하지만, 실상 과학은 그러한 기대를 충족시켜줄 수 없는 것처럼 보일 때가 많다. 과학이 인간의 앎이라는 커다란 나무에서 하나의 건실한 가지에 불과하다는 생각은 아쉽게도 일반 사람들에게 받아들여지지 않고 있다. 어쩌면 영원불변의 진리를 갈구하는 인간의 마음이 문제인지도 모른다.

그러나 한편 과학은 새로운 사실과 경험에 대해 두려움이 없다는 점에서 매우 모험적이며, 자신보다 더 포괄적이고 강력한 다른 이론들과 힘을 겨루고 그 승패를 깨끗이 받아들인다는 점에서 열려 있다. 과학은 영원한 진리를 무시하지는 않지만 이미 알려진 사실들에 안주하지 않고 새로운 진리를 찾아 나서는 도전적인 정신을 가지고 있다.

과학은 어떤 이론을 오랫동안 보증하는 역할을 하지만, 밀려드는 새로운 경험과 인식의 전환 속에서 좀 더 나은 설명 체계를 가진 이론이 도래할 경우 하나의 이론은 다른 이론으로 대체될 수 있다는 얘기다. 만일 그렇지 않다면 그것은 이미 과학적 이론으로서의 자격이 없다. 과학 이론은 이론이기 때문에 새로운 사실을 설명하는 데 항상 도전적으로 대응해 나간다. 따라서 폐기되기도 하고 사실의 압력을 극복해나가기도 한다. 이렇게 수정 가능하고 대체 가능한 이론이야말로 진정한 의미에서 과학적이라고 할 수 있을 것이다. 변화를 거부한다면 과학이라는 이름으로 불릴 자격이 없다.

그런데 《황제내경》의 체계는 오랜 시간 동안 거의 변하지 않고 지속돼왔다. 그런 의미에서 음양오행론은 과학 이론이 아니다. 음양오행론을 과학적으로 이해하려는 시도와 해석은 의미 있는 일이기는 하지만, 음양오행론을 과학으로 보는 시각은 과학이나 음양오행론 양쪽 모두에게 이득이 없을 것으로 보인다. 기氣와 음양오행을 근간으로 하고 있는 《황제내경》은 지금의 '자연과학적 세계관'이 전제하고 있는 자연관과 그로부터 전개되는 인체에 대한 인식과는 전혀 다른 관점을 가지고 있다.

'중국인의 마음'에 대하여 기대를 가지고 있는 서구인들, 그리고 반쯤 서구인이 된 동아시아 한자 문화권의 사람들은 음양오행론이 미래적 사유의 한 비전으로 자리하는 것을 조심스럽게 탐색하고 있다. 그것이 어떤 모습을 띠게 될지는 아무도 단언할 수 없지만 그 윤곽은 더듬어볼 수 있을 것이다. 《황제내경》에 담긴 '자연주의'적 사유는 '자연과학주의'적 사유와는 거리가 멀다. 전자가 인위적인 모든 것을 '자연의 질서'로 풀어내려는 근원적 태도라면 후자는 자연을 '법칙적으로 구성'해내려는 인간의 욕망과 불가분의 관계에 있는 인위적인 것이다. 법칙과 질서는 다르다. 질서는 다양한 법칙이 구성될 수 있게 해주는 일종의 근원적 배경이나 선험적 장이라고 할 수 있다. 법칙은 시대와 현실적 경험의 다양성과 특이성에 따라 다시 구성되고 수정될 수 있지만 질서는 그렇지 않다.

지금의 자연과학주의는 인체를 물리적·화학적 법칙에 따라 움직이는 기계처럼 생각하여 인체의 모든 생리 현상을 물리적·화학적 반응의 집합으로 환원시키는 데 성공했다. 이는 분자생물학으로 귀결되는 발전을 보였지만, 그것은 결국 법칙에 불과한 과학 이론일 뿐이다. 대부분의 사람들은 분자생물학을 토대로 한 서구의 의학 체계를 유일무이한 의학으로 생각하고 있다. 그러나 분자생물학도 과학이기 때문에, 자연을 법칙적으로 구성해내려는 인간의 욕망의 산물로서 하나의 법칙에 속한다. 바로 이 때문에 이것은 또 다른 문제를 야기할 수 있다. 이러한 법칙은 스스로를 유일한 자연의 질서로 인정받고 싶어 하지만 그 때문에 질서를 거스를 수도 있음을 우리는 알아야 할 것이다.

음양오행론 역시 또 하나의 법칙이라는 반론이 제기될 수도 있다. 하지만 나는 그것이 사물의 질서와 마음의 질서가 일여一如한 생명의 비밀을 다루는 데 더없이 적실한 체계라고 생각한다. 현대 과학이 자기 조정을 거쳐서 도달한 인식은, 사물의 질서가 인간의 마음과 독립적인 객관성을 가지고 있다는 주장이란 칼날 위에 서 있는 것 같은 위태로운 신화라는 것이다. 그러나 현대 과학의 이러한 인식은 아직 하나의 싹으로만 움터 있을 뿐 어떤 구체적인 형태를 이루고 있지 못하다. 세상이 과학에 걸고 있는 기대가 과학이 새로운 경험의 세계로 달려가는 것을 애써 막고 있는 듯하다. 이는 과학에는 바람직하지 못한 일이 될 것이다.

음양오행은 자연의 질서가 인간의 질서와 다르지 않다는 가장 원초적인 인식을 보여주며, 인식 이전의 느낌이 알려주는 자율적 감응의 체계를 잘 전달하고 있기 때문에 장구한 세월을 견딜 수 있었다. 섣부른 기대로 비칠 수도 있겠지만, 《황제내경》의 체계는 서구의 근현대 과학을 뿌리에서부터 바꿔놓는 과학 혁명의 단서가 될지도 모른다. 여기에는 서구 과학이 맛보고 싶어 하는 새로움의 비옥한 양분이 있기 때문이다.

하늘을 떠다니는 해와 달의 운행 '법칙'은 시대에 따라 다르게 구성되었지만 그 '질서'만은 여전히 영원하고 앞으로도 영원할 것이라는 데 내기를 걸어볼 만하다. 무수히 남용되고 오해돼온 말이지만, 한자 문화권은 이 질서를 도道라고 이름 붙이고 있다. 《황제내경》 또한 이 도에 대한 논의를 담고 있다. 황제黃帝가 스승이나 후학들과 의학의 도에 관해 나눈 이야기를 모은 《황제내경》은 단순히 모가 나 있는 과학으로서의 의학 분야에만 머물지 않는다. 모든 것이 도라고 불린다는 전체성의 생각에 의거해 의학 외의 다른 분야들에 대해서도 이야기하고 있는 것이다. 바로 이 점을 염두에 두어야만

《황제내경》에서 기상학, 천문학, 지리학이 의도醫道와 함께 논의되고 있는 것을 보고도 이 책을 단지 과학 이전의 뭉뚱그린 옛이야기로 여기지 않을 수 있는 안목이 생길 것이다. 이 책은 이러한 《황제내경》의 사상을 잘 전달해주고 있다고 생각되는 부분들을 뽑아 엮었다.

자연의 질서와 인간의 몸과 마음의 질서가 다르지 않다는 《황제내경》의 통찰은 인간을 자연 생명의 너른 마당에 풀어놓는다. 이 문헌을 통해, 한자 문화권에서 이른 시기에 이미 성숙한 형태로 제시된, 생명의 조건과 생명을 가꾸고 향유하는 도에 대해 알 수 있을 것이다. 현대인의 과학적 정신에서 잠시 벗어나 말[馬]이나 악어, 심지어 수풀의 초목과 공유하고 있는 부분을 내 안에서 발견해보고, 자연과의 일체감을 느껴보길 바란다. 아울러 묵은 먼지를 뒤집어쓴 채 사물을 다시 비추게 될 순간을 기다리고 있는 거울을 닦듯이 고전을 읽는다면 무언가 깨닫는 바가 있지 않을까 한다. 그때 처음 거울에 비치는 것은 무엇일까?

《황제내경》 내용 발췌의 기준은 해제에 밝혀놓았으므로 여기서는 언급하지 않겠다. 해제를 먼저 읽고 본문을 읽어도 크게 방해되지 않을 것이다. 기와 음양오행에 대한 논쟁적인 글들은 〈더 읽어야 할 자료들〉에 소개해놓았다. 유용한 나침반이 되었으면 한다.

황제내경

1. 양생의 도

〈소문素問〉 상고천진론上古天眞論

먼 옛날 황제黃帝가 있었는데, 그는 태어날 때부터 총명했고, 어린아이였을 때도 말을 할 수 있었으며, 소년 시절에는 재빠르고 민첩했으며, 청년 시절에는 인정이 많았고, 성년이 되어서는 천자의 자리에 올랐다.

어느 날 황제가 천사天師인 기백岐伯에게 물었다. "상고上古 시대의 사람들은 모두 백 살이 넘어도 동작이 노쇠하지 않았다고 들었습니다. 그런데 요즘 사람들은 쉰 살만 되어도 동작이 모두 노쇠한데, 시대가 달라서 그렇습니까, 아니면 양생養生의 도를 잃었기 때문입니까?"

기백이 답했다. "상고 시대의 사람들은 양생의 도를 아는 사람들로, 음양의 법도를 본받았고, 양생의 법도와 조화를 이루었고, 먹고 마심에 절도가 있었고, 기거함에 일정함이 있었으며, 쓸데없이 무리하지 않았습니다. 그래서 몸과 마음을 제대로 갖추어 천수를 다해 백 살을 넘기고서야 세상을 떠났던 것입니다. 그러나 요즘 사람들은 그렇지 않습니다. 술을 물 마시듯 마시고, 평소 생활이 문란하여 술에 취한 채 성행위를 일삼고, 욕망으로 그 정기를 마르게 하고, 좋아하는 것만을 찾아서 바른 기운을 흩어버리고, 정기를 지킬 줄 모르고, 정신을 제어할 줄 모르고, 마음의 쾌락만을 좇을 뿐이어서 자연스러운 즐거움에 거스르는 행동을 하고, 기거에 절제가 없습니다. 이 때문에 쉰 살만 되어도 노쇠하는 것입니다."

"저 상고의 성인들은 백성들을 교화할 때, '각 계절에 해당하지 않는 바르지 않은 기운을 때맞춰 피하고, 생각을 고요하게 하고 혼란스럽게 하지 않는다면 바른 기운이 이를 따르고 정精과 신神이 몸 안에 충만한데, 어떻게 병이 들어올 수 있겠는가'라고 가르쳤습니다. 이렇게 하여 마음의 움직임이 안정되고 욕심이 적어져서, 마음이 편안하고 두려움이 없어지며, 몸은 수고롭지만 게으름을 피우지 않게 되었습니다. 이 때문에 기운이 순조롭게 되고, 각자가 하고자 하는 것을 좇을 수 있어 모두가 원하는 것을 얻을 수 있었던 것입니다. 그러므로 무엇을 먹어도 맛있었고, 어떤 옷을 입어도 편했으며, 나름대로의 문화를 즐길 줄 알았고, 지위가 높은 사람이

나 낮은 사람이나 서로 부러워하지 않았습니다. 그러한 백성들이기 때문에 소박하다고 한 것입니다. 이렇게 기호와 욕망이 그 눈을 피곤하게 하지 않았고, 음란한 일에 마음이 홀리지 않았으며, 어리석은 사람이나 지혜로운 사람이나 현명한 사람이나 못난 사람이나 간에 무엇을 두려워하는 일이 없었습니다. 그러므로 도에 합치되었던 것입니다. 나이가 백 살이 되어도 동작이 노쇠하지 않을 수 있었던 것은, 양생의 도를 실행하여 노쇠해지는 것을 막았기 때문입니다."

황제가 말했다. "나는 이렇게 들었습니다. 상고에는 진인眞人이 있었는데, 천지와 음양의 법칙을 파악하고, 정기精氣를 호흡하고, 스스로가 중심이 되어 정신을 지키고, 힘줄과 피부를 젊은이처럼 한결같게 유지했기 때문에 천지와 같은 생명을 누리게 되었고 생명을 마치는 때도 없었으니 이것이 양생의 도입니다. 중고 시대에는 지인至人이 있었는데, 후덕하고, 도를 온전히 지키고, 음양의 변화에 일치하고, 계절에 순응하고, 세속을 멀리하고, 정신을 보전하고, 천지 사이를 노닐어서 온 세상의 것을 보고 들을 수 있었습니다. 이것은 수명을 더 누리면서 건강하게 산 경우로, 역시 진인에 속합니다. 그다음은 성인聖人입니다. 천지가 조화를 이루는 곳에 처하여 모든 기후 변화의 이치를 따르고, 세속적인 기호와 욕망을 적합하게 다스리고, 성내고 노여운 마음을 갖지 않고, 일 처리와 행실에 있어서는 세속을 벗어나지 않지만 행위와 사상에서는 그렇지 않고, 밖으로 세속의 일에 힘쓰지 않고 안으로 생각 때문에 고통 당하지 않으며, 조용함과 기쁨을 임무로 삼고, 안정을 일로 삼으니, 형체가 늙거나 쇠약해지지 않고 정신이 흐트러지지 않아 역시 장수할 수 있었습니다. 또 그다음은 현인賢人입니다. 천지 변화의 도리를 본받고, 일월의 도리를 따르고, 별자리의 변화를 변별하고, 음양을 거스르지 않고, 사시四時를 분별하고, 옛사람들을 본받아 도에 합치했습니다. 이 역시 수명을 더 누릴 수 있지만 끝에 이르는 때가 있습니다."

〈소문〉 사기조신대론四氣調神大論

"봄철 석 달은 발진(發陳: 생겨남과 펼쳐짐)이라고 하는데, 천지의 기가 모두 발생하고 만물이 영화롭습니다. 밤에 잠자리에 들고 아침에 일찍 일어나서 정원을 한가로이 산책하며, 머리를 풀고 옷매무시를 편히 해서 몸을 속박하지 않게 하며, 의지에 생기가 돋게 하며, 살리되 죽이지 말며, 주되 빼앗지 말며, 상을 주되 벌은 주지 않게 하는 것이 봄철의 기운에 감응하여 생기를 기르게 하는 도입니다. 이를 거역하면 간장이 상하여 여름에 한기에 의한 병증을 앓게 되는데, 이는 여름철의 자라나는 기운을 봄철에 부실하게 준비했기 때문입니다.

여름철 석 달은 번수(蕃秀: 번성과 성취)라고 하는데, 천지의 기가 어울려서 만물이 꽃을 피우고 열매를 맺습니다. 밤에 잠자리에 들고 일찍 일어나며, 여름날 낮이 길어 무더운 것을 싫어하지 말며, 의지가 격노하지 않게 하며, 정신을 풍성하게 하며, 몸속의 기운이 마치 밖을 즐기듯 밖으로 뻗어나가게 하는 것이 여름철의 기운에 감응하여 생장을 돕는 도입니다. 이를 거역하면 심장이 상하여 가을에 한기와 열기가 왕래하는 병증을 앓게 됩니다. 이는 가을철의 거두어들이는 기운을 여름철에 부실하게 준비했기 때문인데, 겨울철에 이르면 중병에 걸리게 됩니다.

가을철 석 달은 용평(容平: 수용과 평안)이라고 하는데, 바람은 서늘하며, 대지는 맑고 깨끗해집니다. 일찍 잠자리에 들어 일찍 닭과 함께 일어나며, 마음의 움직임을 편안하게 하며, 만물이 조락하는 엄숙한 기운을 피하며, 정신의 기운을 거두어들이고 가을의 기운을 화평하게 하며, 그 의지가 밖으로 향하지 않도록 하여 폐장의 기운을 맑게 합니다. 이것이 가을철의 기운에 감응하여 거두어들임을 기르게 하는 도입니다. 이를 거역하면 폐장이 상하여 겨울에 기운이 아래로 빠져나가는 병증을 앓게 됩니다. 이는 겨울철의 감추고 저장하는 기운을 가을철에 부실하게 준비했기 때문입니다.

겨울철 석 달은 폐장(閉臟: 폐쇄와 저장)이라고 하는데, 물이 얼고 땅이 갈라지니 양기를 교란시키지 말아야 합니다. 일찍 잠자리에 들고 늦게 일어나되 반드시 해가 떠오르는 것을 기다려야 하며, 의지를 엎드려 숨어 있는 것같이 하여 밖으로 나가지 못하게 하며, 유유자적하며, 기운이 몸속에 머무르게 합니다. 추위를 멀리하고 따뜻하게 하며, 땀을 흘려 피부로 양기가 너무 많이 빠져나가지 않게 합니다. 이것이 겨울철의 기운에 감응하여 감추고 저장함을 기르게 하는 도입니다. 이를 거역하면 신장이 상하여 봄에 무기력한 병증을 앓게 됩니다. 이는 봄철의 생기가 소생하는 기운을 겨울철에 부실하게 준비했기 때문입니다."

"봄철의 기운을 거스르면 소양少陽의 기가 생기지 않아서 간장의 기가 울결(鬱結: 한곳에 몰려 흩어지지 않음)하여 속에서 병을 일으키고, 여름철의 기운을 거스르면 태양太陽의 기가 자라나지 않아서 심장의 기가 안으로 공허해져 병을 일으키며, 가을의 기운을 거스르면 태음太陰의 기가 거두어들여지지 않아서 폐장의 기가 마르게 되고, 겨울의 기운을 거스르면 소음少陰의 기가 저장되지 않아서 신장의 기가 새어나가 병을 앓게 됩니다. 무릇 사계절의 음양이란 만물의 근본이 되는 것이므로, 성인은 봄과 여름에 양기를 기르고, 가을과 겨울에 음기를 길러서 그 근본을 따름으로써 만물과 더불어 생겨나고 자라나는 사이에서 오르고 내리는 운동을 함께 합니다. 이 사계절 음양의 기를 거역하면, 근본을 해치게 되어 생명을 유지하는 기운이 무너지게 됩니다. 그러므로 사계절의 음양이라는 것은 만물의 시작이고 끝이며, 삶과 죽음의 근본이 되는 것입니다. 이를 거역하면 재해가 생기고 이를 따르면 질병이 발생하지 않습니다. 이것을 일러 양생의 도를 체득했다고 하는 것입니다. 성인은 이 도를 행하지만 어리석은 사람은 이것을 어깁니다. 음양을 따르면 살고 음양을 거역하면 죽게 되고, 이에 순종하면 다스려지고 이를 거역하면 어지러워집니다. 순종을 거스르는 것이 역인데 이것을 내격(內格: 타고난 천성이 도를 거역함)이라고 합니다. 이 성인이 '이미 발생한 병은 치료하지 않고 아직 발생하지 않은 병은 치료하며, 이미 어지러워진 것은 다스리지 않고 아직 어지럽지 않은 것은 다스린다'라고 한 것은 이를 말합니다. 병이 이미 생긴 뒤에 약을 쓰고, 어지러움이 이미 생긴 뒤에 다스린다는 것은, 비유하자면 목이 말라야 우물을 파고 전쟁이 터져야 병기를 만드는 일과 같은 것이니, 이 또한 늦지 않겠습니까?"

2. 음양오행

〈소문〉 음양응상대론陰陽應象大論

황제가 말했다. "음양은 천지의 도이고, 만물의 기강이고, 변화의 부모이고, 살리고 죽임의 근본이며, 신명이 깃든 집입니다. 병을 치료하는 법은 반드시 근본에서 찾아야 합니다. 그러므로 양이 쌓인 것이 하늘이고 음이 쌓인 것이 땅이며, 음은 고요하고 양은 움직이며, 양은 생겨나게 하고 음은 자라게 하며, 양은 거두어들이고 음은 저장하며, 양은 기로 변화하고 음은 형체를 이룹니다. 찬 기운이 극한에 이르면 뜨거운 기운을 낳고 뜨거운 기운이 극한에 이르면 찬 기운을 낳으며, 찬 기운은 탁한 것을 낳고 뜨거운 기운은 맑은 것을 낳습니다. 사람의 몸에서 맑은 기운이 아래에 있으면 밑으로 기운이 새어나가게 되고, 탁한 기운이 위에 있으면 가슴이 부풀고 답답하게 됩니다. 이것은 음양이 반대에 위치해서 위와 아래가 바뀌게 되어 병이 생겨난 것입니다."

황제가 물었다. "나는 이렇게 들었습니다. 상고 시대의 성인은 사람의 형체를 논할 때, 장부를 분별해서 배열하고 경맥經脈의 순서를 정하며, 육합六合을 서로 회통會通시켜 각 경經이 그 소속 장부에 의해 순환되게 하고, 기혈이 발생하는 곳에 이름을 붙이고, 크고 작은 힘줄과 골절이 서로 이어지는 곳에 모두 시작점을 두고, 피부 위의 각 경락이 순행하고 역행하는 것에 각기 조리가 있게 하고, 사계절의 음양에 모두 변화하는 법칙을 세우고, 천지와 사람의 몸이 감응하는 데 모두 표리가 있다고 했는데 참으로 그러합니까?" 기백이 답했다. "동방東方은 바람을 낳고 바람은 나무를 낳으며, 나무는 신맛을 낳고 신맛은 간을 낳으며, 간은 힘줄(筋)을 낳고 힘줄은 심장을 낳으며, 간은 눈을 주관합니다. 그 음양은 하늘에서는 현玄이 되고 사람에게는 도道가 되며 땅에서는 변화(化)가 되는데, 이 변화로부터 다섯 가지 맛이 생겨나고 도는 지혜를 낳으며 현은 신神[2]을 낳습니다. 신이 하늘에 있을 때는 바람이 되고 땅에 있을 때는 나무가 되며, 소리로는 내지르는 외침이 되고 몸의 이상 증세로는 힘줄의 경련으로 나타나며, 얼굴에서는 눈에 해당하고 다섯 가지 맛 가운데는 신맛이 되며, 다섯 가지 감정 가운데는 노여움이 됩니다. 지나친 노여움은 간을 상하게 하는데 슬픔이 노여움을 이깁니다. 바람은 힘줄을 상하게 하는데 건조함이 바람을 이기며, 신맛은 힘줄을 상하게 하는데 매운맛이 신맛을 이깁니다.[3]

남방南方은 열기를 낳고 열기는 불을 낳으며, 불은 쓴맛을 낳고 쓴맛은 심장을 낳으며, 심장은 혈을 낳고 혈은 비장을 낳으며, 심장은 혀를 주관합니다. 그것은 하늘에서는 열기가 되고 땅에서는 불이 되며, 몸에서는 맥이 되고 오장 가운데서는 심장이 됩니다. 색으로는 붉은색이 되고 음音으로는 치徵가 되며, 소리로는 웃음소리가 되고 몸의 이상 증세로는 근심으로 나타나며, 얼굴에서는 혀에 해당하고 다섯 가지 맛 가운데서는 쓴맛이 되며, 다섯 가지 감정 가운데서는 기쁨이 됩니다. 지나친 기쁨은 심장을 상하게 하는데 두려움이 기쁨을 이기고, 열기는 기를 상하게 하는데 추위가 열을 이기며, 쓴맛은 기를 상하게 하는데 짠맛이 쓴맛을 이깁니다.[4]

중앙은 습기를 낳고 습기는 흙을 낳으며, 흙은 단맛을 낳고 단맛은 비장을 낳으며, 비장은 살을 낳고 살은 폐장을 낳으며, 비장은 입을 주관합니다. 그것은 하늘에서는 습기가 되고 땅에서는 흙이 되며, 몸에서는 살이 되고 오장 가운데서는 비장이 됩니다. 색으로는 노란색이 되고 음으로는 궁宮이 되며, 소리로는 노랫소리가 되고 몸의 이상 증세로는 딸꾹질로 나타나며, 얼굴에서는 입에 해당하고 다섯 가지 맛 가운데서는 단맛이 되며, 다섯 가지 감정 가운데서는 사려가 됩니다. 지나친 사려는 비장을 상하게 하는데 노여움이 사려를 이기고, 습기는 살을 상하게 하는데 바람이 습기를 이기며, 단맛은 살을 상하게 하는데 신맛이 단맛을 이깁니다.[5]

서방西方은 건조함을 낳고 건조함은 쇠를 낳으며, 쇠는 매운맛을 낳고 매운맛은 폐를 낳으며, 폐는 피부와 털을 낳고 피부와 털은 신장을 낳으며, 폐장은 코를 주관합니다. 그것은 하늘에서는 건조함이 되고 땅에서는 쇠가 되며, 몸에서는 피부와 털이 되고 오장 가운데서는 폐가 됩니다. 색으로는 흰색이 되고 음으로는 상商이 되며, 소리로는 곡소리가 되고 몸의 이상 증세로는 기침으로 나타나며, 얼굴에서는 코에 해당하고 다섯 가지 맛 가운데서는 매운맛이 되며, 다섯 가지 감정 가운데서는 걱정이 됩니다. 지나친 걱정은 폐를 상하게 하는데 즐거움이 걱정을 이기고, 열기는 피부와 털을 상하게 하는데 찬 기운이 열을 이기며, 매운맛은 피부와 털을 상하게 하는데 쓴맛이 매운맛을 이깁니다.[6]

북방北方은 찬 기운을 낳고 찬 기운은 물을 낳으며, 물은 짠맛을 낳고 짠맛은 신장을 낳으며, 신장은 골수를 낳고 골수는 간을 낳으며, 신장은 귀를 주관합니다. 그것은 하늘에서는 찬 기운이 되고 땅에서는 물이 되며, 몸에서는 뼈가 되고 오장 가운데서는 신장이 됩니다. 색으로는 검은색이 되고 음으로는 우(羽)가 되며, 소리로는 신음 소리가 되고 몸의 이상 증세로는 전율로 나타나며, 얼굴에서는 귀에 해당하고 다섯 가지 맛 가운데서는 짠맛이 되며, 다섯 가지 감정 가운데서는 두려움이 됩니다. 지나친 두려움은 신장을 상하게 하는데 사려가 두려움을 이기고, 찬 기운은 혈을 상하게 하는데 건조함이 찬 기운을 이기며, 짠맛은 혈을 상하게 하는데 단맛이 짠맛을 이깁니다.[7]

그러므로 천지는 만물의 위와 아래이고, 음양은 혈기가 있는 남녀이며, 왼쪽과 오른쪽은 음양이 순환하는 통로이고, 물과 불은 음양을 검증하는 단서입니다. 그러므로 음양은 만물의 근원이라고 하며, 음은 안에 있으면서 양을 지키고 양은 밖에 있으면서 음을 부린다고 한 것입니다."

〈소문〉 금궤진언론金匱眞言論

황제가 물었다. "오장은 사시四時에 감응하면서 서로 소통하고 있습니까?" 기백이 답했다. "예, 그렇습니다. 동방의 푸른색은 간으로 들어가 소통하여, 눈으로 볼 수 있게 하고 간에 정기를 저장합니다. 병은 경기驚氣를 일으키는 것으로 드러나며, 맛으로 치면 신맛이고 초목에 해당하고 가축으로는 닭이고 곡식으로는 보리며, 계절의 운행이 목성과 감응하기 때문에[8] 병이 힘줄에 있음을 알 수 있습니다. 음은 각角이고 숫자는 8이며 냄새는 누린내입니다.

남방의 붉은색은 심장에 들어가 소통하여, 귀로 들을 수 있게 하고 심장에 정기를 저장합니다. 병은 오장에서 생깁니다. 맛으로 치면 쓴맛이고 불에 해당하고 가축으로는 양이고 곡식으로는 기장이며, 계절의 운행이 화성과 감응하기 때문에 병이 맥에 있음을 알 수 있습니다. 음은 치徵이고 숫자는 7이며 냄새는 탄내입니다.

중앙의 노란색은 비에 들어가 소통하여, 입으로 말할 수 있게 하고 비장에 정기를 저장합니다. 병은 혀뿌리에 있으며, 맛으로 치면 단맛이고 흙에 해당하고 가축으로는 소고 곡식으로는 조며, 계절의 운행이 토성과 감응하기 때문에 병이 살에 있음을 알 수 있습니다. 음은 궁宮이고 숫자는 5이며 냄새는 향내입니다.

서방의 흰색은 폐에 들어가 소통하여, 코로 냄새 맡을 수 있게 하고 폐에 정기를 저장합니다. 병은 등 쪽에 있습니다. 맛으로 치면 신맛이고 쇠에 해당하고 가축으로는 말이고 곡식으로는 벼이며, 계절의 운행이 금성과 감응하기 때문에 병이 피부와 털에 있음을 알 수 있습니다. 음은 상商이고 숫자는 9이며 냄새는 비린내입니다.

북방의 검은색은 신장에 들어가 소통하여, 배설 기관과 성기관을 이용할 수 있게 하고 신장에 정기를 저장합니다. 병은 뼈의 기운에서 생겨난 작은 힘줄에 있습니다. 맛으로 치면 짠맛이고 물에 해당하고 가축으로는 돼지이고 곡식으로는 콩이며, 계절의 운행이 수성과 감응하기 때문에 병이 뼈에 있음을 알 수 있습니다. 음은 우羽이고 숫자는 6이며 냄새는 썩은내입니다.

그러므로 진맥을 잘하는 사람은 오장육부를 잘 관찰하는데, 장부의 흐름과 음양의 표리, 주도적이고 종속적인 관계 등을 마음속으로 정밀하게 헤아립니다. 그래서 도를 아는 사람이 아니면 가르치지도 않고, 진실한 것이 아니면 전해주지도 않습니다. 이것을 '득도(得道: 도를 얻었다)'라고 합니다."

3. 장부론

〈소문〉 육절장상론六節臟象論

황제가 물었다. "장부는 어떤 것입니까?" 기백이 답했다. "심장은 생명의 근본이고 정신이 거처하는 곳입니다. 그것의 영화로움은 얼굴에 나타나고 그것의 충실함은 혈맥에 드러나며, 양 가운데 양(陽中陽)인 태양으로서 여름철의 기운과 소통합니다. 폐장은 기의 근본이고 넋이 거처하는 곳이며,

그것의 영화로움은 털에 나타나고 그것의 충실함은 피부에 드러나며, 양 가운데 음(陽中陰)인 소음으로서 가을철의 기운과 소통합니다. 신장은 칩거를 주관하고 정기를 가두어두는 근본으로 정력이 거처하는 곳이며, 그것의 영화로움은 머리카락에 나타나고 그것의 충실함은 뼈에 나타나며, 음 가운데 음(陰中陰)인 태음으로서 겨울철의 기운과 소통합니다. 간은 움직임의 근본이고 혼이 거처하는 곳이며, 그것의 영화로움은 손톱과 발톱에 나타나고 그것의 충실함은 힘줄에 나타나고 혈기를 만들어내며, 그 맛은 신맛이고 그 색은 푸른색이며, 음 가운데 양(陰中陽)인 소양으로서 봄철의 기운과 소통합니다. 비·위·대장·소장·삼초三焦[9]·방광은 음식물을 저장하는 창고의 근본이고 영기가 거처하는 곳으로 그릇이라고 하며, 찌꺼기를 걸러내고 다섯 가지 맛을 전화시켜 흡수하고 방출합니다. 그것의 영화로움은 입술 언저리에 나타나고 그것의 충실함은 피부와 살에 드러나며, 그 맛은 단맛이고 그 색은 노란색이며, 음이 시작하는 태음에 속하고 토기와 소통합니다. 위의 11개 장부[10]들은 담의 기운이 오르면 모두 따라 올라 잘 소통하게 됩니다."[11]

〈소문〉 영란비전론靈蘭秘典論

황제가 물었다. "12장부의 중요도는 어떻습니까?" 기백이 답했다. "그런 것까지 생각하시니 대단하십니다. 심장은 비

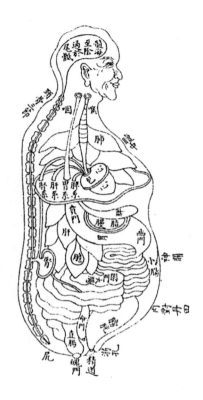

내경도內景圖

장부의 명칭(몸 겉은 머리에서부터 시계 반대 방향 순으로, 몸속은 위에서 내려오는 순으로): 수해지음통어미저(髓海至陰通於尾骶: 수해의 지극한 음기는 꼬리뼈 부위에 통한다)−경골삼절頸骨三節−고(尻: 꽁무니)−백문(魄門: 항문)−정도(精道: 정액이 나오는 관)−익공(溺孔: 오줌이 나오는 관)−내대단전內對丹田−신궐神闕−전중膻中−인후咽喉−폐肺−심포心包−심心−비계脾系−위계胃系−간계肝系−신계腎系−비脾−지만脂漫−분문賁門−위胃−유문幽門−간肝−담膽−소장小腸−관문關門−대장大腸−신腎−명문命門−방광膀胱−직장直腸

유하자면 군주와 같은 기관입니다. 신명神明이 여기에서 나옵니다. 폐는 군주를 보좌하는 기관이니 다스리고 조절함이 여기서 나오고, 간은 장군과 같은 기관이니 계책과 전략이 여기서 나오며, 담은 바르고 치우치지 않는 기관이니 결단이 여기서 나옵니다. 전중膻中¹²은 군주와 장상의 명령을 받드는 기관이니 기쁨과 즐거움이 여기서 나오고, 비장과 위는 음식물을 저장하는 기관이니 다섯 가지 맛이 여기서 나오고, 대장은 전달을 주관하는 기관이니 음식물을 대소변으로 전화시키는 변화가 여기서 나오며, 소장은 변화된 음식물을 받아들이는 기관이니 음식물을 맑은 기운과 탁한 기운으로 구별한 화물化物이 여기서 나옵니다. 신장은 힘을 세게 만드는 기관이니 기교가 여기서 나옵니다. 삼초는 도랑을 터주는 역할을 하는 기관이니 물길이 여기서 나오고, 방광은 물을 저장하는 기관이니 진액이 여기에 저장되고 이것이 기화氣化하면 체외로 배출시킬 수 있습니다. 이 12개의 장부는 긴밀한 관계를 가지고 있기 때문에 그 관계를 저버려서는 안 됩니다. 그러므로 군주가 지혜로우면 모든 백성이 편안하듯이, 사람도 이러한 이치로 12장부를 양생해나간다면 장수할 것이고 죽을 때까지 위험한 질병에 걸리지 않을 것이며, 나라도 이러한 이치로 천하를 다스린다면 크게 창성할 것입니다. 군주가 현명하지 못하면 12개의 장부가 위태로워지고, 길이 막혀 소통할 수 없게 되어 형체가 크게 상하게 됩니다. 이러한 방법으로 양생한다면 재앙이 있을 것이고, 이런 방법으로 천하를 다스린다면 종묘사직이 크게 위태로워질 것입니다. 경계하고 또 경계해야 할 것입니다."

〈소문〉 오장별론五臟別論

황제가 물었다. "나는 이렇게 들었습니다. 어떤 사람들은 뇌수를 장臟이라 하거나 장과 위를 장이라 하거나, 또는 이들을 부라고 여기고 있다고 합니다. 상반되는 견해들이 있는데 어느 것이 올바른지 모르겠으니 올바른 설명을 청합니다." 기백이 답했다. "뇌·수·골·맥·담·여자포(女子胞: 자궁을 말한다), 이 여섯은 땅의 기운에서 생겨난 것으로 모두 음을 저장하고 땅을 본받았기 때문에 감춰두고 내버리지 않으므로 '정상적 부와는 다른 부〔奇恒之腑〕'라고 부릅니다. 위·대장·소장·삼초·방광, 이 다섯은 모두 하늘에서 생겨난 것으로 하늘의 기를 본받았기 때문에 내보내지만 감춰두지는 않습니다. 이것들은 오장의 탁한 기운을 받아들이므로 '전화의 부'라고 합니다. 이들은 오래 머무르게 할 수 없으므로 오장으로 전수하고 몸 밖으로 배출시킵니다. 항문 역시 오장의 부림을 받는데 음식물을 오래 담아둘 수 없습니다. 오장이라고 하는 것은 정기를 저장하지만 몸 밖으로 내보내지는 않으므로 정기가 가득 차 있고 음식물이나 찌꺼기는 없습니다. 육부라는 것은 음식물을 전화하기는 하지만 담아두고 있지는 않으므로 거기에는 음식물이나 찌꺼기가 있지만 정기는 가득 차 있지 않습니다. 이러한 까닭에 음식물이 입으로 들어가면 위는 차 있어도 장은 비어 있습니다. 음식물이 아래로 내려가면 장은 차 있지만 위는 비게 됩니다. 그러므로 차 있지만 가득하지는 않고 가득하지만 차 있지는 않다고 한 것입니다."

〈영추〉 천년天年

황제가 기백에게 물었다. "사람이 태어날 때는 무엇으로 기초를 삼고 무엇으로 보호를 받으며, 무엇을 잃으면 죽고 무엇을 얻으면 사는지 알고 싶습니다." 기백이 말했다. "어머니의 혈로 기초를 삼고 아버지의 혈기로 보호를 받으며, 신을 잃으면 죽고 신을 얻으면 삽니다."

황제가 물었다. "무엇이 신입니까?" 기백이 답했다. "혈기가 이미 조화를 이루고, 영위榮衛가 통하며, 오장이 이미 형성되고, 신기가 심장에 자리를 잡고, 혼백이 모두 갖추어져 사람이 됩니다."

황제가 물었다. "사람마다 장수하고 요절하는 것이 달라서, 단명하거나 장수하고, 갑자기 죽거나 병을 오래 앓는데, 그 이치를 듣고 싶습니다." 기백이 답했다. "오장이 견고하고, 혈맥이 조화롭고, 살이 부드럽고, 피부가 치밀하고, 영위의 운행이 일정한 길을 잃지 않고, 호흡이 고르고, 기혈이 잘 운행하고, 육부가 음식물을 잘 소화시키며, 진액이 온몸에

촉촉하게 퍼지면 장수할 수 있습니다."

황제가 물었다. "어떻게 하면 사람의 수명이 백 살까지 이어질 수 있습니까?" 기백이 답했다. "인중이 깊고 길며, 아래턱과 얼굴의 모서리가 높고 반듯하며, 영위가 잘 통하고 관자놀이·코·턱이 오뚝하며, 뼈대가 크고 살집이 충실하면 백 살까지 살 수 있습니다."

황제가 물었다. "기가 성대하고 쇠약함에 따라 죽음에 이르는 것에 대해서 들을 수 있습니까?" 기백이 답했다. "사람은 태어나서 10세가 되면 오장이 안정되기 시작하고 혈기가 통하게 되는데, 기는 그 근본이 아래에 있으므로 빨리 달리기를 좋아합니다. 20세가 되면 혈기가 왕성해지고 몸집이 발달하기 시작하므로 빨리 걷기를 좋아합니다. 30세가 되면 오장이 크게 안정되고 몸집이 단단해지며 혈맥이 왕성해지므로 천천히 걷기를 좋아합니다. 40세가 되면 오장육부와 십이경맥이 모두 왕성해져서 안정되지만, 주리(腠理: 땀구멍과 살갗)가 성글어지기 시작하고 윤기가 떨어지며 귀밑머리가 하얗게 세고 생장 발육이 멎으며 움직이기 싫어해서 앉는 것을 좋아합니다. 50세가 되면 간의 기운이 쇠약해지고 간엽이 얇아져가며 담즙이 말라가고 눈이 침침해집니다. 60세가 되면 심장의 기운이 쇠퇴하며, 자주 근심하고 슬퍼하며, 혈기의 운행이 느려져 눕기를 좋아합니다. 70세가 되면 비장의 기운이 허약해지고 피부가 꺼칠꺼칠하게 마릅니다. 80세가 되면 폐의 기운이 쇠약해지고 넋이 나가므로 말이 자주 틀립니다. 90세가 되면 신장의 기운이 고갈되고, 간·심장·비장·폐의 경맥이 공허해집니다. 100세가 되면 오장의 기가 모두 허약해지고 신장의 기운이 모두 빠져나가 몸뚱이만 남게 되어 곧 죽음에 이릅니다."

황제가 물었다. "사람이 수명을 다하지 못하고 죽는 까닭은 무엇입니까?" 기백이 답했다. "그런 사람은 오장이 모두 튼튼하지 못하고 인중이 길지 못하며, 콧구멍이 바깥으로 벌어져 있고 숨을 헐떡대며, 아래턱과 얼굴이 푹 꺼져 있고 맥이 작고 혈이 적으며, 살이 부실하고 바람과 찬 기운에 자주 으슬으슬 추우며, 혈기가 허약하고 맥이 잘 통하지 않아 진기眞氣와 사기邪氣가 서로 싸우며, 진기가 부족한 틈을 타 사기가 깊숙이 침입하므로 목숨이 다하게 됩니다."

〈영추〉 오미五味

황제가 물었다. "곡식에는 다섯 가지 맛이 있는데 그것이 오장에 들어갈 때 어떻게 분별되는지 듣고 싶습니다." 백고伯高가 대답했다. "위는 오장육부의 바다로서 음식물은 모두 위로 들어가며, 오장육부는 모두 위에서 기를 받습니다. 다섯 가지 맛은 각기 자기가 좋아하는 곳으로 달려들어갑니다. 곡식의 맛이 시면 먼저 간장으로 들어가고, 쓴맛이면 먼저 심장으로 들어가고, 단맛이면 먼저 비장으로 들어가고, 매운맛이면 먼저 폐로 들어가며, 짠맛이면 먼저 신장으로 들어갑니다. 곡기는 진액이 되어 운행해 영위가 크게 통하고, 대소변으로 변해가며 몸 밖으로 나갑니다."

황제가 물었다. "영위의 운행은 어떠한가요?" 백고가 답했다. "음식물은 처음에 위로 들어가고, 다시 그 미세한 물질은 먼저 위에서 나와 상초와 중초로 가서 오장을 적셔주고, 맑은 기운은 영기로, 탁한 기운은 위기로 나뉘어 운행합니다. 종기(宗氣: 음식물과 공기의 맑은 기운)가 모여서 운행하지 않은 것은 가슴에 쌓이는데 이를 기해氣海라고 합니다. 이 기는 폐에서 나와 목구멍을 따라 순환하므로 숨을 내쉬면 나가고 들이마시면 들어옵니다. 하늘에서 마시는 기운과 땅에서 자란 음식물의 기운은, 대략적인 비율을 따져볼 때 위에 들어간 오곡이 하나면 나오는 길은 셋이 됩니다. 그러므로 음식물이 들어오지 않는 것이 반나절이면 기가 쇠약해지고, 하루가 지나면 기가 거의 사라집니다."

〈영추〉 해론海論

황제가 기백에게 물었다. "침을 운용하는 법에 대해서 들은 적이 있는데, 선생님의 설명은 영위와 혈기를 벗어나지 않았습니다. 12경맥이라는 것은 안으로는 오장육부에 속하고 밖으로는 사지관절에 연결된다는 것을 알게 되었습니다. 선생님은 이것을 사해四海에 결합시킬 수 있습니까?" 기백이 답했다. "사람에게도 사해가 있고 12경수[13]가 있습니다. 경수는 모두 바다로 흘러듭니다. 바다에는 동서남북이 있는데, 이것을 일러 사해라 합니다."

황제가 물었다. "사람과는 어떻게 상응됩니까?" 기백이 답했다. "사람에게는 수해髓海가 있고 혈해血海가 있으며 기해氣海가 있고 수곡지해(水穀之海: 음식물의 바다)가 있는데, 이 네 가지는 세상의 사해와 상응합니다."

황제가 물었다. "아아, 심오합니다! 선생님은 사람과 천지의 사해를 합했는데, 그 상응은 어떤지 듣고 싶습니다." 기백이 답했다. "반드시 먼저 인체의 음양·표리, 사해가 흘러드는 혈穴의 소재 등을 명확하게 알아야 사해가 정해집니다."

"어떻게 정합니까?" 기백이 답했다. "위는 음식물의 바다인데, 그 수혈輸穴의 위로는 기가혈氣街穴이 있고 아래로는 족삼리혈足三里穴에 이릅니다. 충맥衝脈은 12경맥의 바다인데, 그 수혈의 위로는 대저혈大杼穴이 있고 아래로는 족양명위경足陽明胃經의 상거허혈上巨虛穴과 하거허혈下巨虛穴이 있습니다. 전중은 기해인데 그 수혈의 위로는 천주골天柱骨의 위 아래에 독맥督脈[14]에 속하는 아문혈啞門穴과 대추혈大椎穴이 있고, 앞쪽에는 인영혈人迎穴이 있습니다. 뇌는 수해인데, 그 수혈의 위로는 백회혈百會穴이 있고 아래로는 풍부혈風府穴이 있습니다."

〈영추〉 본수本輸

〔오장과 육부가 합하고 머무는 것에 대해 황제가 물었다.〕 기백이 답했다. "폐는 대장과 서로 배합되며 대장은 전도傳道의 부입니다. 심은 소장과 서로 배합되며 소장은 수성受盛의 부입니다. 간은 담과 서로 배합되며 담은 중정中正의 부입니다. 비는 위와 서로 배합되며 위는 오곡의 부입니다. 신은 방광과 서로 배합되며 방광은 진액의 부입니다. 족소음경足少陰經은 신장에 속하고 신장의 경맥은 위로 폐와 연계되므로 신장은 방광과 폐를 통솔합니다. 삼초는 중독中瀆의 부로서 수도水道, 즉 물길이 여기에서 나오고 방광과 연계되는데, 서로 배합되는 장이 없으므로 외로운 부라고 합니다. 이것이 육부와 오장이 서로 배합하는 관계입니다."

〈소문〉 경맥별론經脈別論

기백이 대답했다. "음식물이 위에 들어가면 그 정미한 기는 간으로 흩어지고, 그 기는 힘줄에 영양분을 공급합니다. 음식물의 기운이 위에 들어가면 짙고 정미한 기는 심장으로 들어가고, 그 정은 혈맥에 영양분을 공급합니다. 맥기는 경맥을 따라 흐르고, 경맥의 기는 폐로 돌아가는데 폐는 모든 맥을 불러모아 그 정을 피부와 털로 보냅니다. 기혈이 서로 합쳐 정기가 혈맥 중에서 운행하면 폐기는 정기를 퍼뜨리고 부에 기를 운행하며, 부의 정은 폐 이외의 4개의 장에 남아서 오장의 기를 보양하게 됩니다. 정기가 퍼지려면 몸의 기능이 평형을 유지해야 하는데, 평형이 유지되면 그 변화는 기구맥氣口脈에 나타나므로 그 맥을 살피면 죽고 사는 것을 알 수 있습니다. 물이 위로 들어오면 그 정기가 넘쳐 비장에 운반되고, 비장의 기는 정기를 퍼뜨려 폐로 돌리고, 물길을 소통시켜 아래로 방광에 보냅니다. 이렇게 기화氣化되면 물의 정기가 피부와 털에 널리 퍼져서 오장의 경맥에 모두 통해 경맥을 적셔주게 됩니다. 이로부터 사계절의 기후에 배합되고 오장의 음양에 부합되며 차고 비는 것을 잘 헤아리는 것을 상도常道에 맞게 써야 합니다."

〈영추〉 맥도脈度

기백이 말했다. "오장은 언제나 몸속에 있으며 위로 얼굴에 있는 칠규(七竅: 7개의 구멍)와 통합니다. 폐기는 코로 통하는데 폐기가 조화로우면 코는 냄새를 맡을 수 있습니다. 심장의 기는 혀로 통하는데 심장의 기가 조화로우면 혀는 다섯 가지 맛을 알 수 있습니다. 간의 기운은 눈으로 통하는데 간이 조화로우면 눈은 다섯 가지 색깔을 구별할 수 있고, 비장의 기는 입으로 통하는데 비장의 기가 조화로우면 입은 다섯 가지 곡식을 구별할 수 있으며, 신장의 기는 귀로 통하는데 신장의 기가 조화로우면 귀는 다섯 가지 음을 들을 수 있습니다. 오장이 조화롭지 못하면 칠규가 통하지 않고, 육부가 조화롭지 못하면 기혈이 순환되지 못하고 뭉쳐 결국 살이 썩어 옹양(癰瘍: 몸의 안이나 밖이 곪는 병증)이 됩니다."

4. 정, 기, 신

〈영추〉 결기決氣

황제가 말했다. "나는 이렇게 들었습니다. 사람에게는 정·기·진·액·혈·맥이 있다고 하는데, 나는 한 가지 기일 뿐이라고 생각합니다. 이제 굳이 여섯 가지로 구별하여 부르는 까닭을 모르겠습니다." 기백이 답했다. "남녀가 교합하면 새로운 형체가 이루어지는데, 언제나 형체보다 먼저 생기는 것을 정기라 합니다."

"무엇을 기라 합니까?" 기백이 답했다. "상초에서 시작하여 오곡의 정미를 전신에 살포시켜 피부를 따뜻하게 해주고, 몸을 충실하게 해주며, 모발을 윤택하게 해주는 것인데, 마치 안개나 이슬이 만물을 적시는 것과 같은 것을 기라고 합니다."

"무엇을 진이라 합니까?" 기백이 답했다. "주리가 열리면 땀이 흥건히 흘러나오는데 이것을 진이라 합니다."

"무엇을 액이라 합니까?" 기백이 답했다. "음식물의 기운이 들어오면 기가 가득해서 뼈 부위에 넘쳐흘러 촉촉이 축여

주므로 관절을 움직이게 하고, 그 윤택함이 뇌수를 보익하고 피부를 윤택하게 하는데, 이를 액이라 합니다."

"무엇을 혈이라 합니까?" 기백이 답했다. "중초가 음식물을 받아들여 즙액을 취하며 변화시키면 붉게 되는데 이것을 혈이라 합니다."

"무엇을 맥이라 합니까?" 기백이 답했다. "물을 가두듯 제방 속으로 영기를 단속하고 억제하여 외부로 벗어나지 않게 하여 운행하게 하는데, 이것을 맥이라 합니다."

황제가 물었다. "정·기·진·액·혈·맥과 같은 육기六氣에서 남음과 부족함, 정기의 많고 적음, 뇌수의 차고 빔, 혈맥의 맑고 탁함 등을 어떻게 알 수 있습니까?" 기백이 답했다. "정이 빠진 자는 귀가 먹고, 기가 빠진 자는 눈이 밝지 못하며, 진이 빠진 자는 주리가 열려 땀을 몹시 흘립니다. 액이 빠진 자는 관절의 움직임이 불편하고, 얼굴빛이 초췌하고, 뇌수가 줄어들고, 하퇴부가 저리고, 자주 이명耳鳴이 나타납니다. 혈이 빠진 자는 안색이 창백하고 초췌하여 생기가 없습니다. 영기가 빠진 자는 맥이 충실하지 않고 공허합니다. 이것이 육기가 빠져나가 발생하는 징후들입니다."

"육기의 중요도는 어떻습니까?" 기백이 답했다. "육기를 각각 주관하는 장기가 있고, 그 중요성과 정상·비정상 등은 주관하는 장기에 달려 있지만, 오곡과 위胃가 근원이 됩니다."

〈영추〉 영위생회營衛生會

　황제가 기백에게 물었다. "사람은 어떻게 기를 받고, 음양은 어떻게 만나며, 무슨 기를 영營이라 하고 무슨 기를 위衛라 하며, 영기營氣는 어디에서 만들어지고 위기衛氣는 어디에서 만납니까? 늙은이와 젊은이는 기의 성쇠가 다르고, 음양의 기가 순행하는 위치도 다른데, 이들이 만나는 것에 대해서도 듣고 싶습니다." 기백이 답했다. "사람은 음식물에서 기를 받는데 음식물이 위로 들어가면 폐로 전해진 후에 오장육부 모두가 그 기를 받게 됩니다. 그중 맑은 것을 영기라 하고 탁한 것을 위기라 합니다. 영기는 맥 안을 순환하고 위기는 맥 바깥을 도는데, 하루 밤낮 50회를 돌면 영기와 위기는 다시 만납니다. 음과 양에 의해 서로 이어지는 이들은 끝나면 또다시 시작하는 것이 끝없는 고리처럼 돌고 돕니다. 위기는 음 부분에서 25번 돌고 양 부분에서 25번 도는데, 이것은 밤과 낮으로 나눈 것이며 위기는 양 부분에서 시작되고 음 부분에서 끝납니다. 그러므로 정오에는 양이 가장 성한데 이를 중양(重陽: 양 속의 양)이라 하고 한밤중에는 음이 가장 성한데 이를 중음(重陰: 음 속의 음)이라 합니다. 수태음폐경手太陰肺經은 영기를 주관하고 족태양방광경足太陽膀胱經은 위기를 주관하며, 각각 25번씩 운행하는데 그렇게 나눈 것이 밤과 낮이 됩니다. 음기는 한밤중에 성하고 한밤중이 지나면 쇠퇴하여, 해가 뜰 때는 다 없어지고 양이 기를 받게 됩니다. 양기는 정오에 가장 성하고 해가 서쪽으로 기울면 점차 쇠퇴하여, 해가 지면 다 없어지고 음이 기를 받게 됩니다. 한밤중에 영기와 위기가 만나는데, 이때는 모든 사람들이 잠자는 때로 합음合陰이라고 부릅니다. 해가 뜰 때는 음기가 다하고 양기가 다시 성해지는데 이처럼 끝없이 반복하는 것이 천지의 이치와 같습니다."

황제가 물었다. "영기와 위기의 운행은 모두 어디에서 시작하는지 듣고 싶습니다." 기백이 답했다. "영기는 중초에서 시작하고 위기는 하초에서 시작합니다." 황제가 물었다. "삼초의 기가 나오는 곳에 대해 들려주십시오." 기백이 답했다. "상초의 기는 위상구(胃上口: 식도에서 위로 들어가는 부분)에서 시작하여 식도를 따라 올라가고 흉격을 관통하여 흉중에 퍼지며, 겨드랑이 아래를 주행하여 수태음폐경의 경로를 따라 내려가서 수양명대장경手陽明大腸經으로 들어간 다음 위로 올라가 혀에 이르고, 다시 아래로 내려가 족양명위경足陽明胃經에 들어가서 영기와 함께 낮에는 양분에서 25번 돌고 밤에는 음분에서 25번 도는데 이것이 일주입니다. 그러므로 50번을 돈 뒤에는 다시 수태음폐경에서 회합합니다."

황제가 물었다. "사람에게 열이 있으면 음식이 위에 들어가 아직 정기로 변하지 않은 상태에서 땀이 나는데 혹은 얼굴에서 나고 혹은 등에서 나며 혹은 반신에서 땀이 나지요. 이는 위기가 운행하는 통로를 따라 나온 것은 아닌데 어째서 그렇습니까?" 기백이 답했다. "이것은 피부가 풍사에 손상을 입어 주리가 열리거나 살가죽과 털이 풍사와 열사에 훈증되어 주리가 열리게 되면, 위기가 몸의 표면으로 도는 것인데 정상적인 길을 순행하지 못한 것입니다. 위기는 그 성질이 사납고 빨라 열린 틈만 만나면 그곳으로 빠져나오므로 원래의 경로를 따르지 않습니다. 그러므로 이를 누설漏泄이라 부르는 것입니다."

황제가 물었다. "중초의 기가 나오는 곳에 대해 듣고 싶습니다." 기백이 답했다. "중초의 기 역시 위상구에서 나옵니다. 상초의 기가 아래에서 음식물의 기를 받아 찌꺼기를 분리하고 진액을 훈증시켜 그것을 정미한 것으로 변화시켜 위로 폐맥에 보냅니다. 이것이 변화하면 혈이 되어 온몸을 기르는데 이보다 더 귀한 것은 없습니다. 그러므로 중초에서 시작하여 홀로 경맥 속을 운행하는 것을 영기라 부릅니다." 황제가 물었다. "혈과 기는 이름은 다르지만 같은 종류라고 하는데 까닭이 무엇입니까?" 기백이 답했다. "영위는 곡기에서 변화되어 생겨난 정기이고 혈도 음식물의 기에서 변화되어 생겨난 신기神氣입니다. 그러므로 혈과 기는 이름은 다르지만 같은 종류입니다. 이 때문에 혈을 많이 흘리면 땀이 나지 않고 땀을 많이 흘리면 혈이 생기지 않습니다. 그러므로 사람은 탈혈과 탈한이 함께 나타나면 반드시 죽게 되지만, 둘 중 하나만 나타나면 그래도 살아날 희망은 있습니다."

황제가 물었다. "하초의 기가 나오는 곳에 대해 듣고 싶습니다." 기백이 답했다. "하초의 기는 음식물의 찌꺼기를 대장으로 운반하고, 수액을 방광에 보내어 그곳에서 스며들게 합니다. 그러므로 음식물은 늘 위장에서 소화 흡수를 거치고 이후 생겨난 찌꺼기는 모두 대장에 내려보내져, 맑은 기운과 탁한 기운을 여과하여 하초를 따라서 방광에 스며듭니다."

황제가 물었다. "사람이 술을 마시면 술도 위에 들어가는데 음식물은 아직 소화되지 않았는데도 술이 먼저 소변으로 배출되는 까닭은 무엇입니까?" 기백이 답했다. "술은 곡식을 발효시켜 만든 액이며 그 기는 맑습니다. 그러므로 음식물보다 나중에 들어가나 먼저 소변으로 나오는 것입니다."

황제가 물었다. "그렇군요. '상초는 안개와 같고 중초는 음식물을 숙성시켜 변화시키는 역할을 하며 하초는 물도랑과 같다'고 한 것이 이것이었군요."

〈영추〉 본신本神

황제가 기백에게 물었다. "침을 운용하는 법은 먼저 환자의 신기에 근본을 두어야 합니다. 혈맥·영기·정신은 오장에 저장되어 있습니다. 이것들이 안정되지 못하고 혼란에 빠지면 오장의 정기가 흩어지고 혼백이 달아나고 의지가 혼란해지며 지려智慮가 몸에서 떠나가는데 무엇 때문에 그렇습니까? 하늘의 죄입니까, 사람의 허물입니까? 덕德·기氣·생生·

정精·신神·혼魂·백魄·심心·의意·지志·사思·지智·려慮라고 하는 것은 무엇을 말하는지 듣고 싶습니다." 기백이 답했다. "하늘이 내게 살 수 있는 환경을 만들어주는 것이 덕이고, 땅이 내게 살 수 있는 여건을 주는 것이 기며, 하늘의 덕과 땅의 기가 결합하는 것이 생명(生)입니다. 그러므로 생명이 생겨나는 근원이 되는 것을 정이라 하고, 남녀의 정기가 교접하여 생긴 것을 신이라 하며, 신을 따라 왕래하는 것을 혼이라 하고, 정과 함께 출입하는 것을 백이라 하며, 사물을 인식하고 처리하는 것을 심이라 하고, 마음에 생겨나는 바가 있지만 아직 구체화되지 않은 것을 의라 하며, 의가 이미 결정되어 확연하고 변하지 않는 것을 지라 하고, 지에 근거하여 반복해 따져보는 것을 사라 하며, 사에 근거하여 멀리 내다보는 것을 려라 하고, 려에 근거하여 사물을 처리하는 것을 지라 합니다. 그러므로 지혜로운 자가 양생할 때는 반드시 사시四時에 순응하고 한서寒暑에 적응해야 하며, 기쁨과 노여움 같은 감정을 절제하고 거처를 편안하게 하며 음양을 절제하고 강유剛柔를 조절해야 합니다. 이렇게 하면 사계절의 병을 일으키는 사기가 이르지 못하기 때문에 늙지 않고 오래 살 수 있습니다.

그래서 놀라거나 지나치게 사려 깊은 사람은 신기神氣를 손상하고, 신기가 손상되면 두려움에 떱니다. 비애 때문에 내장이 손상되면 심장이 상해서 생명을 잃게 됩니다. 기쁨이 지나친 사람은 신이 지쳐서 정기가 소모되고 흩어져 저장되지 못합니다. 근심이 지나친 사람은 기가 닫히고 막혀 운행되지 못합니다. 노여움이 지나친 사람은 신기가 혼란스러워 치유되지 않습니다. 두려움이 지나친 사람은 신기가 흔들리고 흩어져 거두어들이지 못합니다. 심은 두려움이나 사려가 지나치면 심에 거처하고 있는 신기를 손상하고, 신기가 손상되면 두렵고 자제하지 못하고 힘줄과 살이 극도로 여위고 머리카락과 털에 윤기가 없으며, 안색이 초췌해지고 색깔이 검게 말라 겨울에 죽습니다. 비는 근심에서 벗어나지 못하면 의를 손상하고, 의가 손상되면 가슴이 답답하고 어지러우며 사지를 들 수 없고 머리카락과 털이 마르고 윤기가 없으며 안색이 초췌해지고 봄에 죽습니다. 간은 비애 때문에 내장이 손상되면 혼을 손상하고, 혼이 손상되면 미친 듯이 망령되게 굴고 정상적으로 행동하지 못하며, 성기가 오그라들고 힘줄이 경련을 일으키며, 양협골 부위의 통증으로 몸을 움직일 수 없으며, 피부와 머리카락이 마르고 윤기가 없으며 안색이 초췌해지고 가을에 죽습니다. 폐는 질펀한 기쁨과 즐거움 때문에 백을 손상하고, 백이 손상되면 발광하며, 발광하면 의를 간직하지 못하여 안중에 사람이 없고, 피부가 마르고 머리카락에 윤기가 없고, 안색이 초췌하며 여름에 죽습니다. 신장은 노여움이 지나치면 지를 손상하고, 지가 손상되면 앞에서 한 말을 잘 잊으며, 통증으로 허리와 등을 앞뒤로 구부리고 펴지도 못합니다. 또한 신장은 두려움에서 헤어나지 못하면 정기를 손상하고, 정기가 손상되면 뼈가 저리고 연약하며, 정기가 저절로 흘러내립니다. 이래서 오장은 무엇보다 정기를 저장하고 손상시켜서는 안 되는데, 정기가 손상되면 정기가 내부를 지켜내지 못하여 음이 허해지고, 음이 허해지면 기화 작용을 할 수 없으며, 기화 작용을 할 수 없으면 죽습니다. 이 때문에 침을 쓰는 사람은 병자의 상태를 잘 살펴보아 정·신·혼·백 등이 있고 없음을 알아야 합니다. 만약 오장의 정기가 이미 손상되었다면 침으로 치료할 수 없습니다.

간은 혈을 저장하고 혈은 혼이 머무는 곳입니다. 간의 기가 허하면 두려워하고, 간의 기가 실하면 화를 잘 냅니다. 비장은 영기를 저장하고 영기는 의가 머무는 곳입니다. 비장의 기가 허하면 사지를 쓰지 못하고 오장이 안정되지 못하며, 비장의 기가 실하면 복부가 부풀어 오르고 월경과 대소변이 통하지 않습니다. 심장은 맥을 저장하고 맥은 신기가 머무는 곳이므로 심장의 기가 허하면 슬퍼하고, 심장의 기가 실하면 웃음이 그칠 줄 모릅니다. 폐는 기를 저장하고 기는 백이 머무는 곳이므로 폐기가 허하면 코가 막히고 통하지 않아 숨이 차고, 폐기가 실하면 숨이 가쁘고 소리가 나며 가슴이 꽉 막힌 듯 답답해서 몸을 젖혀 호흡을 합니다. 신장은 정을 저장하고 정은 지를 머물게 하는 곳입니다. 신장의 기가 허하면 손발이 차가워지고, 신장의 기가 실하면 아랫배가 부풀어 오르고 오장이 안정되지 못합니다. 반드시 오장을 넘나들며 변화하는 병증을 살펴서 그 기의 허실을 알고 주의 깊게 치료해야 합니다."

〈영추〉 본장本臟

황제가 기백에게 물었다. "사람의 혈·기·정·신은 생명을 기르고 성명性命을 온전하게 하는 것입니다. 경맥은 기혈을 운행하고 삼음(三陰: 태음경, 소음경, 궐음경)과 삼양(三陽: 태양경, 소양경, 양명경)에 의해 영위되며, 힘줄과 뼈를 부드럽게 적시며, 관절의 활동을 원활하게 해줍니다. 위기는 기육(肌肉: 근육)을 따뜻하게 해주고 피부를 충실하게 하며, 주리를 비옥하게 하고 주리가 열리고 닫히는 것을 주관합니다. 의지는 정신을 제어하고 혼백을 거두어들이며, 차고 더운 환경의 변화에 적응하고, 감정을 조화시킵니다. 그러므로 혈맥이 조화되면 경맥이 원활하게 운행하여 혈맥의 유동이 몸의 안팎에서 운행하고 영위되어 힘줄과 뼈가 튼튼해지고 관절 활동이 원활해집니다. 위기가 조화되면 기육이 매끄럽고 피부가 부드럽게 되며, 주리가 치밀해집니다. 의지가 조화되면 정신이 올바르게 되고 혼백이 흩어지지 않으며, 뉘우침과 노여움이 일어나지 않으며, 오장이 사기의 침해를 받지 않습니다. 덥고 추운 변화에 잘 적응하면 육부가 음식물을 정상적으로 소화시키며, 밖으로 풍사를 받지 않고 안으로 혈기가 막히고 엉켜 통하지 않는 병증이 생기지 않으며, 경맥이 잘 통하고 사지관절이 안정을 얻습니다. 이것이 건강하고 병이 없는 사람의 상태입니다. 오장은 정·신·기·혈 및 혼백을 저장하는 것이고, 육부는 음식물을 소화하고 진액을 운행시킵니다. 이것은 사람이 하늘에서 부여받은 것으로 미련한 사람이나 지혜로운 사람을 가릴 것 없이 모두 같습니다."

5. 경락 이론

〈영추〉 경맥經脈

뇌공雷公이 황제에게 물었다. "〈영추〉 금맥禁脈에서는 '자침刺鍼의 이치는 경맥에서 시작하는데 경맥의 순행 경로를 찾고 경맥의 길이를 재니 경맥이 안으로는 오장과 차례로 연결되고, 밖으로는 육부에 나뉘어 귀속된다'고 했습니다. 그 이치를 듣고 싶습니다." 황제가 말했다. "사람이 처음 생길 때는 먼저 정이 형성되고, 정이 형성되면 뇌수가 형성됩니다. 뼈는 몸을 지탱할 수 있으므로 줄기〔幹〕라 하고, 맥은 기혈을 공급하고 순환시키므로 영〔營〕이라 하고, 힘줄은 뼈를 단속하여 몸을 튼튼하고 힘 있게 할 수 있으므로 굳세다〔剛〕고 하고, 살은 장부를 보호하는 것이 담벽과 같으므로 장墻이라 합니다. 피부가 단단해진 후에 머리카락이 자라고, 음식물이 위로 들어가면 정미한 기로 변화하여 맥의 길이 통하게 되므로 혈기가 운행됩니다." 뇌공이 말했다. "경맥이 처음 생겨나는 데 대해 듣고 싶습니다." 황제가 말했다. "경맥은 생사를 결정하고 백 가지 병을 다스리며, 차고 빈 것을 조절하므로 제대로 알지 않으면 안 됩니다."

"수태음폐경은 중완혈中脘穴에서 시작하여 아래로 내려가 대장을 돌고, 위구胃口를 돌아 횡격막으로 올라가 폐에 속합니다. 폐와 연접한 기관들에서 겨드랑이 아래를 따라 나와 아래로 내려가 어깨에서 팔꿈치의 안쪽을 지나 수소음심포경手少陰心包經의 앞면을 주행하고, 팔꿈치 가운데로 내려가 비내상골臂內上骨의 아래 가장자리를 따라서 촌구寸口로 들어가고, 엄지손가락 아래 어제혈魚際穴을 돌아 엄지손가락 끝으로 나옵니다. 그 지맥은 손목 뒤쪽에서 바로 나와 집게손가락 안쪽으로 가 그 끝에서 나옵니다. 폐경에 사기가 침입하여 병이 발생하면 폐가 부풀어 올라 팽팽해져 숨이 차며 기침이 나고, 결분(缺盆: 어깨 부위 쇄골의 움푹한 곳)이 몹시 아프며, 심할 때는 두 손으로 가슴을 감싸게 되고 눈이 잘 보이지 않게 되는데 이것을 비궐臂厥이라 합니다. 이 경맥의 소생병所生病[15]은 기침을 하고 숨이 차 헐떡거립니다. 숨소리가 거칠고 급하여 가슴이 답답하고, 팔 안쪽이 몹시 아프고 차며, 손바닥이 뜨겁습니다. 폐경의 기가 성한 실증은 어깨와 등에 통증이 나타나고 땀이 나며, 중풍 증상이 있고 소변은

조금씩 자주 봅니다. 폐경의 기가 허한 허증은 어깨와 등이 아프고 시리며, 기가 적어 숨쉬기가 불편하고, 소변의 색깔이 변합니다. 이런 여러 병들을 치료할 때는 실한 것은 사瀉하고 허한 것은 보補하며, 열증은 속자법速刺法으로 치료하고

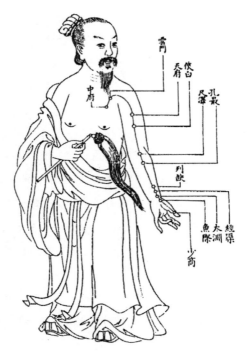

수태음폐경

경락의 명칭(기혈이 흐르는 순서에 따라): 중부中府 - 운문雲門 - 천부天府 - 협백俠白 - 척택尺澤 - 공최孔最 - 열결列缺 - 경거經渠 - 태연太淵 - 어제魚際 - 소상少商

한증은 곧 유침법留鍼法으로 치료하며,[16] 맥이 허하여 가라앉은 경우에는 곧 뜸을 뜨고, 그 정경正經에 스스로 병이 발생하여 실하지도 허하지도 않은 경우에는 그 정경맥을 취하여 다스립니다. 폐경의 기가 성하면 촌구맥寸口脈이 인영맥人迎脈보다 3배 크게 뛰고, 허하면 촌구맥이 오히려 인영맥보다 작게 뜁니다."[17]

"수양명대장경은 집게손가락 끝에서 시작하여 손가락 위 가장자리를 돌아 합곡혈合谷穴로 나와 위로 올라가 완부요측腕部繞側의 두 개의 힘줄 사이 움푹한 곳으로 들어갔다가, 팔뚝 위 가장자리를 돌아 팔꿈치 바깥 가장자리로 들어가서, 팔뚝 바깥 앞 가장자리로 올라갑니다. 다시 견갑골과 쇄골 사이의 앞쪽으로 나와 위로 올라가서 주골이 합쳐지는 곳으로 나오고, 아래로 내려가서 결분으로 들어가 폐에 낙絡하고 횡격막으로 내려가 대장에 속합니다. 그 지맥은 결분혈缺盆穴에서 갈라져 목으로 올라가 뺨을 뚫고 아래 잇몸속에 들어갔다가 다시 입술을 끼고 돌아 나와, 인중혈人中穴에서 왼쪽의 것은 오른쪽으로 오른쪽의 것은 왼쪽으로 교차되어 콧구멍을 끼고 올라갑니다. 대장경에 사기가 침입하여 병이 발생하면 치통이 생기고 정강이 부위가 붓습니다. 이 경맥의 소생병은 눈이 노래지고, 입안이 마르며, 코가 막히거나 코피가 나고, 목구멍이 붓고 아프며, 어깨에서 위팔까지 아프고, 집게손가락이 아파 쓰지 못합니다. 대장경의 기가 성한 실증은 이 맥이 지나는 곳에 열이 나고 부으며, 대장경의 기가 허하면 추워서 떨게 되고 쉽게 회복되지 않습니다. 이런 여러 가지 병들을 치료할 때는 실하면 사법瀉法으로 치료하고 허

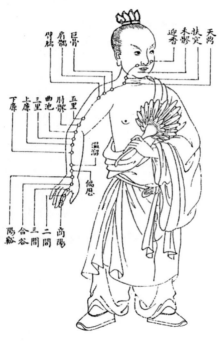

수양명대장경

경락의 명칭(기혈이 흐르는 순서에 따라): 상양商陽-이간二間-삼간三間-합곡合谷-양계陽谿-편력偏歷-온유溫溜-하렴下廉-상렴上廉-삼리三里-곡지曲池-주료肘髎-오리五里-비노臂臑-견우肩髃-거골巨骨-천정天鼎-부돌扶突-화료禾髎-영향迎香

하면 보법補法으로 치료하며,[18] 열증이면 속자법으로 치료하고 한증이면 유침법으로 치료하며, 맥이 가라앉은 경우에는 뜸을 뜨고, 그 정경正經에 스스로 병이 발생하여 실하지도 허하지도 않은 경우에는 그 정경을 취하여 치료합니다. 대장경의 기가 성하면 인영맥이 촌구맥보다 3배 크게 뛰고, 허하면 인영맥이 도리어 촌구맥보다 작게 뜁니다.”

"족양명위경은 코에서 시작하여 콧마루 움푹한 곳에서 좌우가 교차하고, 족태양방광경의 맥에 이어지고, 코 외측을 따라 아래로 내려오고, 입술을 끼고 돌아서 아래로 내려가 승장혈承漿穴에서 교차되며, 턱의 후면 목구멍을 따라 들어갔다가 대영혈大迎穴로 나와 협거혈頰車穴을 돌아 귀 앞으로 올라가 족소양담경足少陽膽經의 객주인혈(客主人穴: 상관혈上關穴의 별칭) 옆을 지나 머리카락의 가장자리를 순행하며 이마의 두유혈頭維穴에 이릅니다. 그 지맥은 대영혈 앞에서 인영혈로 내려와 목구멍을 따라 결분에 들어간 다음, 횡격막을 뚫고 내려가 위에 속하고 비에 연계됩니다. 그 직행하는 경맥은 결분에서 유두의 안쪽 가장자리로 내려가서 다시 배꼽을 끼고 내려가 기가(氣街: 기충혈) 속으로 들어갑니다. 다른 지맥은 위구에서 시작하여 뱃속을 돌아 내려가서 기가에 이르고, 앞의 직행한 경맥과 만나 비관혈髀關穴을 지나 복토혈伏兔穴에 이르고, 슬개골膝蓋骨 속으로 내려가 경골胫骨의 바깥쪽을 따라 순행하여 발등으로 내려가서 가운뎃발가락 안

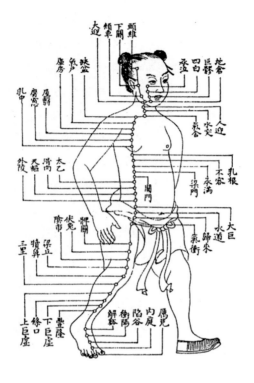

족양명위경

경락의 명칭(위에서부터 기혈이 흐르는 순서에 따라): 승읍承泣−사백四白−거료巨髎−지창地倉−대영大迎−협거頰車−하관下關−두유頭維−인영人迎−수돌水突−기사氣舍−결분缺盆−기호氣戶−고방庫房−옥예屋翳−응창膺窓−유중乳中−유근乳根−불용不容−승만承滿−양문梁門−관문關門−태을太乙−활육문滑肉門−천추天樞−외릉外陵−대거大巨−수도水道−귀래歸來−기충氣衝−비관髀關−복토伏兔−음시陰市−양구梁丘−독비犢鼻−삼리(三里: 足三里)−상거허上巨虛−조구條口−하거허下巨虛−풍륭豊隆−해계解谿−충양衝陽−함곡陷谷−내정內庭−여태厲兌

쪽으로 들어갑니다. 또 다른 지맥은 무릎 아래 세 마디 되는 곳에서 갈라져 아래로 내려가, 가운뎃발가락 바깥쪽으로 들어갑니다. 또 다른 지맥은 발등에서 갈라져 엄지발가락 안쪽 끝으로 나옵니다. 족양명위경에 병사가 들면 추워서 떨게 되고 자주 기지개를 켜게 되며 이마가 까맣게 되는데, 병이 극도에 이르면 사람과 불을 싫어하고, 나무가 맞닿는 소리를 듣고 깜짝 놀라고, 심장이 뛰고 마음이 불안하여 문을 닫아 걸고 창문을 가리고 혼자 있으려고 하며, 심하면 높은 곳에 올라가 노래하고 옷을 벗고 달아나려 하며, 배에서 끓는 소리가 요란하게 나고 배가 더부룩해지는데, 이것을 한궐肝闕이라 합니다. 위가 주로 혈을 생산하고 주관하기 때문에 소생병은 발병하면 광증과 학질로 열이 심하여 땀이 나고, 코피가 나고 코가 매우며, 입이 비뚤어지고 입술이 헐며, 목이 붓고 아프며, 윗배에 물이 차서 붓고 무릎이 부어 아프며, 발등이 붓고 가슴팍·젖가슴·기가·대퇴부·복토伏兎·정강이 바깥쪽을 따라 모두 아프며, 가운뎃발가락을 쓸 수 없게 됩니다. 위경의 기가 성하면 몸 앞쪽이 모두 열이 나고, 그 기가 위에 남아돌면 음식을 빨리 소화시켜 곧 배가 고프고, 소변 색깔이 노랗게 됩니다. 위경의 기가 부족하면 온몸이 차가워 떨리고 위 속이 차가우면 배가 더부룩하게 됩니다. 이런 여러 가지 병을 치료할 때는 실한 것은 사법으로 치료하고, 허한 것은 보법으로 치료하며, 열증은 속자법으로 치료하고 한증은 유침법으로 치료하며, 맥이 허하여 가라앉았으면 뜸을 뜨고, 그 정경에 스스로 병이 발생하여 실하지도 허하지도 않은 경우에는 그 정경맥을 취하여 치료합니다. 위경의 기가 성하면 인영맥이 촌구맥보다 3배 크게 뛰고, 허하면 인영맥이 오히려 촌구맥보다 작게 뜁니다."

"족태음비경足太陰脾經은 엄지발가락의 끝, 은백혈隱白穴에서 시작하여 엄지발가락 안쪽 백육제白肉際[19]를 돌아 엄지발가락의 밑 마디 뒤쪽에 있는 핵골核骨을 지나, 복사뼈 안쪽 가장자리로 경골의 뒤를 따라 올라가서 족궐음간경足厥陰肝經의 앞에서 교차되어 나와, 무릎에서 넓적다리 안쪽 즉 음릉천陰陵泉으로 올라가서 복부에 들어가 비에 속하고 위에 연계되며, 다시 횡격막을 뚫고 올라가 인후를 싸고돌아 설본(舌本: 혀뿌리)에 이어지고 혀 아래에서 분산됩니다. 그 지맥은 다시 위에서 나와 횡격막을 뚫고 올라가 심중에 들어가 수소음심경手少陰心經과 연결됩니다. 족태음비경에 사기가 침입하면 설본이 뻣뻣해지고, 먹으면 토하고, 식도 부위가 아프고, 복부가 더부룩해서 트림을 자주 하고, 대변을 보거나 방귀를 뀌면 시원하여 병세가 가벼워진 것 같지만 몸이 무거워집니다. 소생병은 비장에 병이 생긴 것으로 설본이 아프고 몸을 움직일 수 없으며, 소화가 안 되고 가슴이 답답하여 식욕이 없어지고 심장 부위에 갑작스러운 통증이 오며, 설사를 하고 소변이 막히고 황달을 앓고 바로 눕지 못하며, 억지로

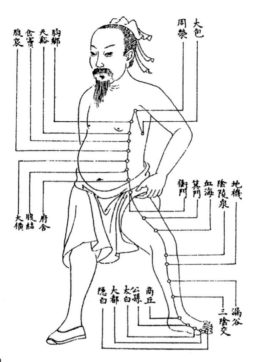

족태음비경

경락의 명칭(기혈이 흐르는 순서에 따라): 은백隱白 - 대도大都 - 태백太白 - 공손公孫 - 상구商丘 - 삼음교三陰交 - 누곡漏谷 - 지기地機 - 음릉천陰陵泉 - 혈해血海 - 기문箕門 - 충문衝門 - 부사府舍 - 복결腹結 - 대횡大橫 - 복애腹哀 - 식두食竇 - 천계天谿 - 흉향胸鄉 - 주영周榮 - 대포大包

서 있으면 넓적다리와 무릎 안쪽이 붓고 차갑고 엄지발가락을 사용할 수 없게 됩니다. 이런 여러 가지 병을 치료할 때는 실한 것은 사법으로 치료하고, 허한 것은 보법으로 치료하며, 열증은 속자법으로 치료하고 한증은 유침법으로 치료하며, 맥이 허하여 가라앉았을 때는 뜸을 뜨고, 그 정경에 스스로 병이 발생하여 실하지도 허하지도 않은 경우에는 그 정경맥을 취하여 치료합니다. 비경의 기가 성하면 촌구맥이 인영맥보다 3배 크게 뛰고, 허하면 촌구맥이 오히려 인영맥보다 작게 뜁니다."

"수소음심경은 심장 속에서 시작하여 심계(心系: 심장과 다른 장부들이 서로 연결된 맥락)에 속하고, 횡격막을 뚫고 내려가 소장에 연계됩니다. 그 지맥은 심계에서 인후의 양측을 따라 올라가 목계(目系: 안구 안에서 뇌의 맥락과 연결되어 있는 부위)와 연계됩니다. 직행하는 경맥은 다시 심계에서 폐로 올라가 겨드랑이로 나온 다음, 위팔 안쪽 뒷면을 순행하여 수태음폐경과 수궐음심포경手厥陰心包經의 뒷면을 지나 팔꿈치 안쪽(少海穴)으로 내려오며, 팔뚝 안쪽 뒷면을 따라 손등 예골(銳骨: 새끼손가락의 높은 뼈)의 끝(신문혈神門穴)에 이르고, 손바닥 안쪽으로 들어가 새끼손가락 안쪽을 순행하며, 그 끝인 소충혈少衝穴로 나와서 수태양소장경手太陽小腸經과 연계됩니다. 수소음심경에 사기가 침입하여 병이 발생하면 인후가 마르고, 심장에 통증이 오며, 목이 말라 물을 마시려고 하는데, 이것을 비궐臂厥이라고 합니다. 소생병은 주로 심에서 생긴 병으로 눈이 노래지고 옆구리가 아프며, 팔의 안쪽 뒤편이 몹시 아프고 차가우며, 손바닥에 열이 나면서 아

수소음심경

경락의 명칭(기혈이 흐르는 순서에 따라): 극천極泉 - 청령青靈 - 소해少海 - 영도靈道 - 통리通里 - 음극陰郄 - 신문神門 - 소부少府 - 소충少衝

폼니다. 이런 여러 가지 병을 치료할 때는 실한 것은 사법으로 치료하고 허한 것은 보법으로 치료하며, 열증은 속자법으로 치료하고 한증은 유침법으로 치료하며, 맥이 허하여 가라 앉았을 때는 뜸을 뜨고, 그 정경에 스스로 병이 발생하여 실하지도 허하지도 않은 경우에는 그 정경맥을 취하여 치료합니다. 심경의 기가 성하면 촌구맥이 인영맥보다 2배 크게 뛰고, 허하면 촌구맥이 오히려 인영맥보다 작게 뜁니다."

"수태양소장경은 새끼손가락 바깥쪽 끝에서 시작하여 손 바깥쪽을 따라 손목(양곡혈陽谷穴) 부위로 올라간 다음 손목 바깥쪽 예골을 지나 곧바로 위로 올라가서 비골 아래 가장 자리를 따라 순행하고, 팔꿈치 안쪽의 두 뼈 사이로 나온 다음 위팔의 바깥쪽 뒷부분을 따라 올라가 견정혈肩貞穴로 나오고, 견갑골을 돌아 어깨 위에서 만난 뒤 결분에 들어가 심장에 연계되고, 인후를 따라 내려간 뒤 식도 아래 횡격막을 뚫고 내려가 위에 이르러 소장에 속합니다. 그 지맥은 결분에서 목을 따라 올라가 뺨을 지나 목예자(目銳眦: 눈의 바깥쪽 모서리)에 이르렀다가 귓속으로 들어갑니다. 또 다른 지맥은 뺨에서 갈라져 나와 광대뼈로 올라가 코를 거친 뒤, 눈 밑으로 비스듬히 올라가 안쪽 눈가에 이르렀다가 족태양방광경에 연계됩니다. 수태양소장경에 사기가 침입하면 인후가 아프고, 아래턱이 부어 고개를 돌릴 수 없고, 어깨가 빠지는 듯하며, 위팔이 부러지는 것같이 아픕니다. 소생병은 주로 진액에서 생긴 병인데 귀가 안 들리고 눈이 노랗고 뺨이 부으며, 목, 어깨, 팔꿈치, 팔뚝 뒷부분이 아픕니다. 이런 여러 가지 병을 치료할 때는 실한 것은 사법으로 치료하고 허한 것은 보법으로 치료하며, 열증은 속자법으로 치료하고 한증은

수태양소장경

경락의 명칭(기혈이 흐르는 순서에 따라) : 소택少澤 – 전곡前谷 – 후계後谿 – 완골腕骨 – 양곡陽谷 – 양노養老 – 지정支正 – 소해小海 – 견정肩貞 – 노유臑兪 – 천종天宗 – 병풍秉風 – 곡원曲垣 – 견외유肩外兪 – 견중유肩中兪 – 천창天窓 – 천용天容 – 관료觀髎 – 청궁聽宮

유침법으로 치료하며, 맥이 허하여 가라앉았을 때는 뜸을 뜨고, 그 정경에 스스로 병이 발생하여 실하지도 허하지도 않은 경우에는 그 정경맥을 취하여 치료합니다. 소장경의 기가

64

성하면 인영맥이 촌구맥보다 2배 크게 뛰고, 허하면 인영맥이 오히려 촌구맥보다 작게 뜁니다."

"족태양방광경은 안쪽 눈가에서 시작하여 이마로 올라가 정수리에서 교차됩니다. 그 지맥은 정수리에서 귀 윗부분에 이릅니다. 직행하는 지맥은 정수리에서 뇌로 들어가 연계된 다음, 다시 나와 목 뒤로 내려가서 견갑골 안쪽을 따라 척추를 끼고 아래로 내려와 허리에 이르며, 등골 양쪽에 있는 힘줄로 들어가 신에 연계되고 방광에 속합니다. 그 지맥은 허리 가운데에서 아래로 내려가 엉덩이를 뚫고 오금으로 들어갑니다. 다른 지맥은 견갑골의 좌우로 갈라져 내려가 견갑골 아래 두드러진 살을 뚫고 척추 내측의 양측을 끼고 내려가며, 대퇴부 상단 관절(환도혈環跳穴)을 지나 대퇴부 바깥쪽을 따라 내려가 오금에서 앞의 지맥과 만난 다음, 다시 내려가 장딴지를 관통하며 발뒤꿈치 바깥쪽 복사뼈 뒤로 내려오고, 경골혈京骨穴을 지나 새끼발가락 바깥쪽 끝(지음혈至陰穴)에 이르러 족소음신경足少陰腎經에 연계됩니다. 족태양방광경에 사기가 침입하여 병이 발생하면 머리가 찌르는 듯이 아프고 눈이 튀어나올 듯하며, 목덜미가 당기고 등골뼈가 아프며, 허리가 끊어질 듯하고 대퇴부가 갈라지는 듯한데, 이것을 과궐踝厥이라 합니다. 소생병은 주로 힘줄에서 생기는 병으로 치질·학질·광증·간질을 앓고, 두뇌 내부 및 정수리에 통증이 오고, 눈의 색이 노랗게 되고, 눈물이 나고, 콧물이 나고, 코

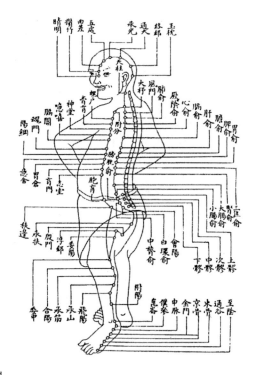

족태양방광경

경락의 명칭(기혈이 흐르는 순서에 따라): 정명睛明 – 찬죽攢竹 – 곡차曲差 – 오처五處 – 승광承光 – 통천通天 – 낙각絡却 – 옥침玉枕 – 천주天柱 – 대저大杼 – 풍문風門 – 폐유肺俞 – 궐음유厥陰俞 – 심유心俞 – 격유膈俞 – 간유肝俞 – 담유膽俞 – 비유脾俞 – 위유胃俞 – 삼초유三焦俞 – 신유腎俞 – 대장유大腸俞 – 소장유小腸俞 – 방광유膀胱俞 – 중려유中膂俞 – 백환유白環俞 – 상료上膠 – 차료次膠 – 중료中膠 – 하료下膠 – 회양會陽 – 승부承扶 – 은문殷門 – 부극浮郄 – 위양委陽 – 위중委中 – 부분附分 – 백호魄戶 – 고황膏肓 – 신당神堂 – 의희譩譆 – 격관膈關 – 혼문魂門 – 위강陽綱 – 의사意舍 – 위창胃倉 – 황문肓門 – 지실志室 – 포황胞肓 – 질변秩邊 – 합양合陽 – 승근承筋 – 승산承山 – 비양飛陽 – 부양跗陽 – 곤륜崑崙 – 복참僕參 – 신맥申脈 – 금문金門 – 경골京骨 – 속골束骨 – 통곡通谷 – 지음至陰

66

피가 나고, 목·등·허리·꼬리뼈·오금·종아리·정강이에 통증이 오고, 새끼발가락을 쓸 수 없게 됩니다. 이런 여러 가지 병을 치료할 때는 실한 것은 사법으로 치료하고 허한 것은 보법으로 치료하며, 열증은 속자법으로 치료하고 한증은 유침법으로 치료하며, 맥이 허하여 가라앉았을 때는 뜸을 뜨고, 그 정경에 스스로 병이 발생하여 실하지도 허하지도 않은 경우에는 그 정경맥을 취하여 치료합니다. 방광경의 기가 성하면 인영맥이 촌구맥보다 2배 크게 뛰고, 허하면 인영맥이 오히려 촌구맥보다 작게 뜁니다."

"족소음신경은 새끼발가락 아래쪽 지음혈에서 시작하여 비스듬히 발바닥 오목한 부분의 용천혈湧泉穴로 순행한 다음 연골 아래로 나와 안쪽 복사뼈 뒷면을 따라 순행하고, 발뒤꿈치 속으로 들어가 장딴지 안으로 올라가서 오금 안쪽으로 나오며, 대퇴부 안쪽 뒷면을 따라 올라가 척추를 뚫고 폐에 올라간 다음, 목구멍을 따라 설본 곁을 지납니다. 또 다른 지맥은 폐에서 나와 심에 연계하고 흉중에 들어가 수소음심포락手少陰心包絡에 연계됩니다. 족소음신경에 사기가 침입하면 배가 고프면서도 먹고 싶지 않고, 안색이 검으면서 광택이 없고, 기침을 하고, 침을 뱉으면 피가 섞여 나오고, 목이 쉰 듯하면서 낮고 흐느끼는 음성이 나고, 숨이 차고, 앉았다 일어서면 눈앞이 캄캄해지면서 아무것도 똑똑히 보이지 않고, 가슴이 마치 허공에 매달아놓은 듯하고, 굶주린 듯합

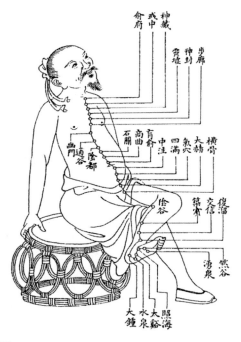

족소음신경

경락의 명칭(기혈이 흐르는 순서에 따라): 용천湧泉－연곡然谷－태계太溪－대종大鍾－수천水泉－조해照海－복유復溜－교신交信－축빈築賓－음곡陰谷－횡골橫骨－대혁大赫－기혈氣穴－사만四滿－중주中注－황유肓兪－상곡商曲－석관石關－음도陰都－통곡通谷－유문幽門－보랑步廊－신봉神封－영허靈墟－신장神藏－욱중彧中－유부兪府

니다. 기가 부족하면 잘 놀라고, 무서움을 잘 타며, 가슴이 두근거리고, 마치 다른 사람이 붙잡으러 오기라도 하는 듯한데, 이것을 골궐骨厥이라 합니다. 소생병은 주로 신장에서 생긴 병인데 입이 달고, 입안에 열이 있어서 혀가 마르며, 인후가 붓고, 숨을 헐떡이게 되며, 목구멍이 마르면서 아프고, 가슴이 갑갑하면서 아프고, 황달을 앓으며, 이질이 생기고, 넓적다리에서 대퇴부 뒤쪽까지 아프고, 다리가 힘이 없고 차며, 누워 있기를 좋아하고, 발바닥이 열이 나고 아픕니다. 이런 여러 가지 병을 치료할 때는 실한 것은 사법으로 치료하고 허한 것은 보법으로 치료하며, 열증은 속자법으로 치료하고 한증은 유침법으로 치료하며, 맥이 허하여 가라앉았을 때는 뜸을 뜨고, 그 정경에 스스로 병이 발생하여 실하지도 허하지도 않은 경우에는 그 정경맥을 취하여 치료합니다. 뜸법을 사용할 때는 육류를 많이 먹도록 하며, 허리띠를 느슨히 하고 머리를 풀어헤치고 큰 지팡이를 짚고 신을 두 겹으로 신고 보행해야 합니다. 신경의 기가 성하면 촌구맥이 인영맥보다 2배 크게 뛰고, 허하면 촌구맥이 오히려 인영맥보다 작게 뜁니다."

"심을 주관하는 수궐음심포경은 가슴팍에서 시작하여 심포락(心包絡: 심장 아래 격막 위에 비스듬히 놓여 있고 폐와 심장을 연결)에 속하고, 횡격막을 뚫고 내려와 삼초와 차례로 연계합니다. 그 지맥은 흉부를 순행하여 옆구리로 나와 겨드랑이 아래쪽 세 마디 되는 곳으로 나오며, 겨드랑이 밑으로 올라가 팔뚝 안쪽을 따라 수태음과 수소음 사이를 돌고서 팔꿈치 속으로 들어가며, 팔뚝을 따라 내려와 두 힘줄 사이 내관

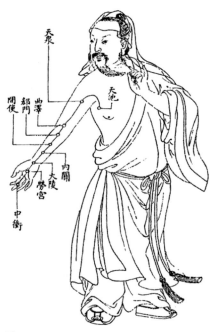

수궐음심포경

경락의 명칭(위에서부터 기혈이 흐르는 순서에 따라): 천지天池−천천天泉−곡택曲
澤−극문郄門−간사間使−내관內關−대릉大陵−노궁勞宮−중충中衝

혈內關穴과 손목의 대릉혈大陵穴을 지나서 손바닥 가운데[노
궁勞宮]로 들어가고 가운뎃손가락 끝으로 나옵니다. 다른 지
맥은 손바닥 가운데에서 별도로 나와 무명지를 따라 내려간
뒤 끝으로 나옵니다. 여기에서 수소양삼초경手少陽三焦經과
연계됩니다. 심포경에 사기가 침입하면 손바닥에 열이 나고,

팔꿈치 관절이 저리고 당기며, 겨드랑이가 붓는데 심하면 가슴이 부풀고, 심장이 크게 뛰어 불안하며, 얼굴이 벌겋고, 눈이 노래지며, 웃음이 그치지 않습니다. 소생병은 주로 맥에서 생긴 병인데, 가슴이 답답하면서 아프고, 손바닥에서 열이 납니다. 이런 여러 가지 병을 치료할 때는 실한 것은 사법으로 치료하고 허한 것은 보법으로 치료하며, 열증은 속자법으로 치료하고 한증은 유침법으로 치료하며, 맥이 허하여 가라앉았을 때는 뜸으로 치료하고, 그 정경에 스스로 병이 발생하여 실하지도 허하지도 않은 경우에는 그 정경맥을 취하여 치료합니다. 심포경의 기가 성하면 촌구맥이 인영맥보다 좀 더 뛰고, 허하면 촌구맥이 오히려 인영맥보다 작게 뜁니다."

"수소양삼초경은 무명지 끝에서 시작하여 새끼손가락과 무명지 사이로 나온 뒤 손등을 돌아 손목〔양지혈陽池穴〕부위로 올라가며, 팔뚝의 바깥쪽을 돌아 두 뼈 사이로 나와서 팔꿈치를 뚫고 위팔 바깥쪽을 돌아 어깨 쪽으로 올라가고, 족소양경足少陽經과 교차된 후에 결분에 들어가 전중에 분포되고 흩어져서 심포에 연계되며, 횡격막을 뚫고 내려와 삼초에 차례로 속합니다. 그 지맥은 전중에서 위로 올라가 결분으로 나오고, 다시 목덜미를 거쳐 귀 뒤를 끼고 곧바로 올라가 귀의 상각으로 나온 후, 다시 구부러져서 뺨으로 내려와 눈 아래쪽 광대뼈에 이릅니다. 다른 지맥은 귀 뒤에서 귓속으로

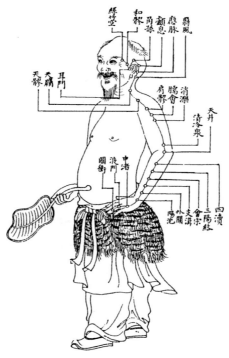

수소양삼초경

관충關衝－액문液門－중저中渚－양지陽池－외관外關－지구支溝－회종會宗－삼양락三
陽絡－사독四瀆－천정天井－청냉천清冷泉－소락消濼－노회臑會－견료肩髎－천료天
髎－천유天牖－예풍翳風－계맥瘈脈－노식顱息－각손角孫－이문耳門－화료和髎－사죽
공絲竹空

들어가 귀 앞으로 나오고, 객주인혈의 앞쪽을 지나 뺨에서
앞의 지맥과 교차된 후 목예자에 이릅니다. 수소양삼초경에
병사가 침입하면 귀가 잘 들리지 않고 목구멍이 붓고 아픈

병증이 생깁니다. 소생병은 주로 기에 생긴 병인데 땀이 나고, 목예자가 아프며, 뺨이 아프고, 귀 뒤쪽과 어깨부터 위팔의 바깥쪽이 모두 아프며, 무명지를 쓰지 못합니다. 이런 여러 가지 병을 치료할 때는 실한 것은 사법으로 치료하고 허한 것은 보법으로 치료하며, 열증은 속자법으로 치료하고 한증은 유침법으로 치료하며, 맥이 허하여 가라앉았을 때는 뜸으로 치료하고, 그 정경에 스스로 병이 발생하여 실하지도 허하지도 않은 경우에는 그 정경맥을 취하여 치료합니다. 삼초경의 기가 성하면 인영맥이 촌구맥보다 좀 더 뛰고, 허하면 인영맥이 오히려 촌구맥보다 작게 뜁니다."

"족소양담경은 목예자에서 시작하여 이마 쪽을 끼고 올라갔다가, 뒤로 내려와 목 부위를 따라서 수소양삼초경 앞을 지나 어깨에 이르고, 다시 수소양삼초경 뒤쪽에서 교차되어 돌아 나온 후 결분으로 들어갑니다. 그 지맥은 귀 뒤에서 귓속으로 들어갔다가 귀 앞으로 나와서 목예자의 뒤쪽에 이릅니다. 다른 지맥은 목예자에서 별도로 나와 대영혈로 내려와서 수소양삼초경과 만나고 광대뼈 부위에 이른 다음, 아래로 내려가 협거혈을 지나고 경부로 내려가 결분에서 본경과 합하며, 계속 흉중으로 내려가서 횡격막을 뚫고 내려가 간에 연계되고, 다시 옆구리 속을 따라 기가(氣街: 기충혈)로 내려가 골반을 싸고 있는 뼈 부위를 돌아 고관절 속으로 평행하게 들어갑니다. 그 직행하는 경맥은 결분에서 겨드랑이로 내

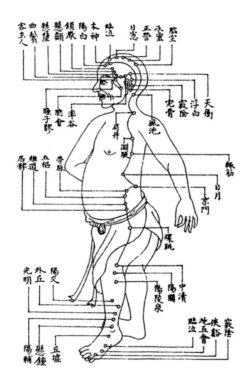

본神 陽白 臨泣 目窓 正營 承靈 腦空
鎖厭 曲鬢 懸釐 懸顱 頷厭
客主人

天衝
浮白
竅陰
完骨
率谷 聽會 瞳子髎
肩井 風池
淵腋
五樞 骨髎
維道 輒筋
居髎 日月
京門
環跳
中瀆
陽關
陽陵泉
光明 外丘 陽交
陽輔 懸鍾 丘墟
竅陰 俠谿 地五會 臨泣

족소양담경

경락의 명칭(기혈이 흐르는 순서에 따라): 동자료瞳子髎 – 청회聽會 – 객주인客主人 – 함 염頷厭 – 현로懸顱 – 현리懸釐 – 곡빈曲鬢 – 솔곡率谷 – 천충天衝 – 부백浮白 – 두규음頭 竅陰 – 완골完骨 – 본신本神 – 양백陽白 – 두임읍頭臨泣 – 목창目窓 – 정영正營 – 승령承 靈 – 뇌공腦空 – 풍지風池 – 견정肩井 – 연액淵液 – 첩근輒筋 – 일월日月 – 경문京門 – 대 맥帶脈 – 오추五樞 – 유도維道 – 거료居髎 – 환조環跳 – 중독中瀆 – 양관陽關 – 양릉천陽 陵泉 – 양교陽交 – 외구外丘 – 광명光明 – 양보陽輔 – 현종懸鍾 – 구허丘墟 – 족임읍足臨 泣 – 지오회地五會 – 협계俠谿 – 족규음足竅陰

려가 가슴 부위를 순행하여 옆구리 쪽을 지나 아래로 내려가고, 고관절에서 앞의 지맥과 합하여 아래로 대퇴부의 바깥쪽으로 내려가며, 무릎의 바깥쪽으로 나와 대퇴부 앞으로 들어가서 하부의 절골絶骨 부위〔현종혈懸鍾穴〕로 직행하고, 바깥 복사뼈 앞을 지나 발등을 따라 순행하여 새끼발가락과 넷째 발가락 사이로 나옵니다. 다른 지맥은 발등에서 갈라져 엄지발가락과 검지발가락 사이로 내려가고, 엄지발가락 안쪽을 순행하여 끝으로 나오며, 다시 돌아서서 발톱 밑을 가로지른 뒤 엄지발가락 발톱 뒤쪽 두 번째 마디의 털이 있는 부위로 나와서 족궐음간경과 연계됩니다. 족소양담경에 사기가 침입하면 입이 쓰고 한숨을 잘 쉬며, 옆구리가 아파서 뒤척일 수 없고, 심하면 얼굴이 부석부석하여 먼지를 뒤집어쓴 것 같고, 몸에 윤기가 없으며, 다리 바깥쪽이 도리어 뜨거운데 이것을 양궐陽闕이라 합니다. 소생병은 주로 뼈에서 생긴 병인데 머리와 턱이 아프고 눈의 눈꼬리가 아프며, 결분 속이 붓고 아프며, 겨드랑이 아래가 붓는 증상이 생기고 연주창(連珠瘡: 목덜미에 구슬을 꿰놓은 것 같은 멍울이 지는 종기)이 나타나며, 땀이 나면서도 추워서 떨리며, 학질을 앓으며, 갈비뼈와 정강이 바깥쪽 절골과 외측 복사뼈 및 여러 관절이 모두 아프며, 넷째발가락을 쓸 수 없게 됩니다. 이런 여러 가지 병을 치료할 때는 실한 것은 사법으로 치료하고 허한 것은 보법으로 치료하며, 열증은 속자법으로 치료하고 한증은 유침

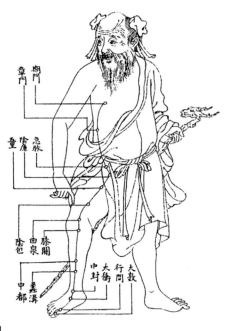

족궐음간경

경락의 명칭(기혈이 흐르는 순서에 따라): 대돈大敦 – 행간行間 – 태충太衝 – 중봉中封 – 여구蠡溝 – 중도中都 – 슬관膝關 – 곡천曲泉 – 음포陰包 – 오리(五里: 足五里) – 음렴陰廉 – 급맥急脈 – 장문章門 – 기문期門

법으로 치료하며, 맥이 허하여 가라앉았을 때는 뜸으로 치료하고, 그 정경에 스스로 병이 발생하여 실하지도 허하지도 않은 경우에는 그 정경맥을 취하여 치료합니다. 담경의 기가 성하면 인영맥이 촌구맥보다 좀 더 뛰고, 허하면 인영맥이 오히려 촌구맥보다 작게 뜁니다."

"족궐음간경은 엄지발가락의 털이 난 곳에서 시작하여 위로 발등의 위쪽을 따라 올라가서 안쪽 복사뼈 아래 1촌寸20 부위에 이르며, 다시 안쪽 복사뼈에서 8촌 정도 올라가서 족태음비경과 교차된 다음, 그 뒷면으로 나와 오금 안쪽 곡천穴曲泉穴로 올라가서 대퇴부 안쪽을 따라 음모 부위로 들어가고, 성기를 돌아서 아랫배에 이르며, 다시 올라가 위장을 끼고 순행하여 간에 속하고 담에 연계된 후, 횡격막을 뚫고 올라가 갈비뼈에 분포되며, 다시 목구멍 뒤를 돌아 올라가 인후 뒷벽 위에 있는 후비도後鼻道로 들어가서 목계와 이어지고, 이마로 나와서 독맥과 정수리에서 만납니다. 그 지맥은 목계에서 뺨의 피부 속으로 들어가 입술 안쪽을 한 바퀴 돕니다. 다른 지맥은 다시 간에서 갈라져 나와 횡격막을 뚫고 위로 올라가 폐에 들어갑니다. 여기에서 수태음폐경맥과 연계됩니다. 족궐음간경에 사기가 침입하면 허리가 아파서 허리를 구부렸다 폈다 하지 못하며, 남자는 퇴산㿉疝21을 앓고 여자는 아랫배가 부으며, 심하면 목구멍이 마르고 얼굴색이 잿빛을 띠며, 먼지를 뒤집어쓴 듯 윤기가 없습니다. 소생병은 주로 간에서 생긴 병인데 가슴이 답답하고 토하고 설사하며, 호산狐疝,22 요실금, 소변 불통이 나타납니다. 이런 여러 가지 병을 치료할 때는 실한 것은 사법으로 치료하고 허한 것은 보법으로 치료하며, 열증은 속자법으로 치료하고 한증은 유침법으로 치료하며, 맥이 허하여 가라앉았을 때는 뜸으로 치료하고, 그 정경에 스스로 병이 발생하여 실하지도 허하지도 않은 경우에는 그 정경맥을 취하여 치료합니다. 간경의 기가 성하면 촌구맥이 인영맥보다 좀 더 뛰고, 허하면 촌구맥이 오히려 인영맥보다 작게 뜁니다."

"십이경맥은 갈래갈래 나뉜 힘줄 사이에서 잠복하여 운행하므로 깊숙하여 보이지 않습니다. 그것을 늘 볼 수 있는 곳은 족태음비경이 지나는 안쪽 복사뼈의 위쪽인데, 이곳은 피부가 얇아 감추어지지 않기 때문입니다. 여러 맥 가운데에서 표면에 떠 있어 늘 볼 수 있는 것은 모두 낙맥絡脈입니다. 육경의 낙맥 가운데 가장 큰 수양명대장경과 수소양삼초경은 다섯 손가락 사이에서 시작하여, 위로 올라가 팔꿈치 가운데서 만납니다. 술을 마시는 사람은 위기衛氣가 먼저 피부에서 순행하고 낙맥이 우선 가득 차는데, 낙맥이 성하면 위기가 이미 성대하게 가득 찼으므로, 영기營氣도 곧 가득 차 경맥이 성대해집니다. 경맥이 갑자기 뛰는 것은 모두 사기가 침입하여 그 경맥의 본말에 머물러 있기 때문입니다. 만약 사기가 경맥에 모여 움직이지 않으면 열이 나고, 경맥이 견실하지 못하면 깊이 함몰하여 경맥이 공허해져서 여느 때의 맥상脈狀과 다릅니다. 그리하여 어느 경맥에서 발병한 것인지를 알 수 있는 것입니다." 뇌공이 말했다. "무엇으로 경맥과 낙맥이 다른지 알 수 있습니까?" 황제가 말했다. "경맥은 평상시에 볼 수 없는데, 그 허실은 기구(氣口: 촌구맥)를 통해 알 수 있고, 보이는 맥은 모두 낙맥입니다." 뇌공이 말했다. "저는 그 까닭을 분명하게 알 수 없습니다." 황제가 말했다. "모든 낙맥은 대관절 사이를 지나가지 못하고 반드시 샛길로 순행하여 드나들고, 다시 피부 중에서 낙맥과 만난 후에 모두 밖으로 드러나는 것입니다. 그러므로 각 낙맥에 침을 놓을 때는 반드시 그 혈이 모인 곳에 놓아야 하며, 혈이 모이지 않았다면 급히 침을 놓아 그 사기를 빼내어서 혈이 따라 나오게 해야 합니다. 사기가 속에 머물러 있으면 비증(痺症: 뼈마디가 저리고 부어서 매우 아픈 증상. 류머티즘)이 나타납니다.

낙맥을 살필 때 그 색이 푸르면 한증이고 통증이 있는 것이며, 색이 붉으면 열증입니다. 위장 속에 한이 있으면 수어(手魚: 엄지손가락의 본마디 사이에 있는 풍만한 살)의 낙맥이 대부분 청색이고 위장 속에 열이 있으면 어제락(魚際絡: 엄지손가락 밑 부분에 있는 살이 통통한 부위의 혈관과 신경을 총칭)이 붉은색입니다. 그 낙맥이 시커멓게 나타내는 것은 사기가 오랫동안 머물러 비증이 된 것이고, 낙맥에 붉은색, 검은색, 푸른색이 함께 나타나는 것은 한열이 왕래하기 때문이며, 색이 푸르고 호흡이 가쁜 것은 원기가 부족하기 때문입니다. 침으로 한열병을 치료할 때는 모두 혈락血絡을 얕게 찌르는데, 반드시 하루걸러 한 번씩 찌르며, 사혈死血이 모두 없어지면 침을 멈추고 그 허실을 조절해야 합니다. 낙맥이 푸른색을 띠고 호흡이 가쁜 것은 원기가 부족한 것인데, 심하면 사瀉했을 때 가슴이 답답한 증상이 나타나고, 그 증상이 심하면 넘어져 말을 하지 못하므로 이럴 때는 재빨리 환자를 부축해 앉혀야 합니다."

〈영추〉 영기營氣

황제가 말했다. "영기를 생성시키는 이치에 있어서는 음식물의 정기를 섭취하는 것이 가장 중요합니다. 음식물이 위로 들어가서 폐로 전해지고, 그 속에서 기화氣化되어 장부에 흘러넘치고, 온몸 구석구석으로 퍼집니다. 음식물에서 생겨나는 가장 좋고 순수한 영양은 경맥으로 가서 쉬지 않고 운행되고, 운행이 끝나면 반복하여 다시 시작되는데, 이것을 천지의 법칙이라 합니다.

이 때문에 영기는 수태음폐경에서 나와 수양명대장경에 들어간 다음, 위로 얼굴 부위에 도달하여 족양명위경으로 들어갔다가 다시 아래로 내려가 발등에 이르고, 엄지발가락 사이로 들어가 족태음비경과 합하며, 다시 위로 올라가 비장에 이른 후 비장에서 심중으로 들어갑니다. 심중에서 수소음심경을 따라 겨드랑이로 나와서 팔 안쪽으로 내려간 다음, 새끼손가락으로 들어가 수태양소장경과 합하며, 다시 위로 겨드랑이로 올라가 광대뼈 안쪽으로 나와서 눈의 안쪽 끝(눈구석)에 들어가고, 다시 정수리로 올라갔다가 목덜미로 내려와서 족태양방광경과 합하며, 척추를 따라 내려가 둔부를 지나서 새끼발가락 끝으로 들어가고, 다시 족심(足心: 발바닥의 한 가운데)을 따라 족소음신경으로 들어갑니다. 이곳에서 위로 올라가 신으로 들어가고, 신에서 심포락으로 들어간 다음 흉중에 흩어지고, 다시 심포경을 따라 겨드랑이로 나와 팔뚝을 따라 내려와서 두 힘줄 사이로 나왔다가 손바닥 가운데로 들어간 후 가운뎃손가락 끝으로 나오고, 다시 돌아서 넷째손가락 끝으로 들어가 수소양삼초경과 합하며, 다시 위로 올라가 전중으로 들어간 다음 삼초에 살포되며, 삼초에서 담으로 들어갔다가 협부로 나와서 족소양담경에 들어가며, 이곳에서 아래로 발등에 이른 다음, 발등에서 다시 엄지발가락 사이로 들어가 족궐음간경에 합하며, 다시 위로 올라가 간에 이른 다음 간에서 위로 폐에 이르고, 위로 목구멍을 따라 올라가 코의 내규로 들어가며, 마지막에는 뇌로 통하는 곳인 축문(畜門: 콧구멍)에 들어갑니다. 간에서 갈라진 가지는 이마로 올라가 목덜미를 따라 내려가서 목의 중앙으로 들어간 다음, 척추를 따라 내려가서 꼬리뼈 부위로 들어가는데 이를 독맥이라 합니다. 이것은 다시 성기 부위에 연계된 다음, 위로 올라가 성기 부위를 옆으로 지나서 배꼽 가운데로 들어간 뒤 위로 배의 안쪽을 따라 올라가는데, 이를 임맥任脈이라 합니다. 이곳에서 다시 결분으로 들어갔다가 아래로 내려가 폐로 들어간 다음, 다시 수태음폐경으로 나옵니다. 이것이 영기가 순행하고 역행하는 운행 법칙입니다."

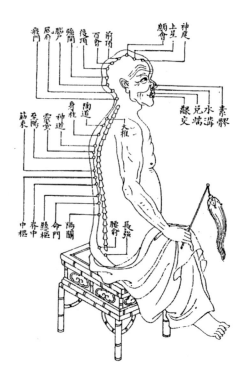

독맥

경락의 명칭(기혈이 흐르는 순서에 따라): 장강長强－요유腰俞－양관(陽關: 腰陽關)－명문命門－현추懸樞－척중脊中－중추中樞－근축筋縮－지양至陽－영대靈臺－신도神道－신주身柱－도도陶道－대추大椎－아문啞門－풍부風府－뇌호腦戶－강간强間－후정後頂－백회百會－전정前頂－신회顖會－상성上星－신정神庭－소료素髎－수구水溝－태단兌端－은교齦交

〈영추〉 구침론九鍼論

"양명경陽明經은 혈이 많고 기가 많으며, 태양경太陽經은 혈

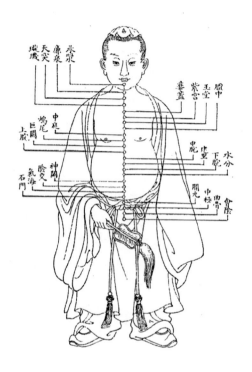

임맥

경락의 명칭(기혈이 흐르는 순서에 따라): 회음會陰－곡골曲骨－중극中極－관원關元－석문石門－기해氣海－음교陰交－신궐神闕－수분水分－하완下脘－건리建里－중완中脘－상완上脘－거궐巨闕－구미鳩尾－중정中庭－전중膻中－옥당玉堂－자궁紫宮－화개華蓋－선기璇璣－천돌天突－염천廉泉－승장承漿

이 많고 기가 적으며, 소양경少陽經은 기가 많고 혈이 적으며, 태음경太陰經은 혈이 많고 기가 적으며, 궐음경厥陰經은 혈이 많고 기가 적으며, 소음경少陰經은 기가 많고 혈이 적습니다. 그러므로 양명경에 침을 놓을 때는 혈기를 나가게 해야 하고, 태양경에 침을 놓을 때는 혈을 나가게 하되 기를 나가게 해서는 안 되며, 소양경에 침을 놓을 때는 기를 나가게 하되 혈을 나가게 해서는 안 되고, 태음경에 침을 놓을 때는 혈을 나가게 하되 기를 나가게 해서는 안 되며, 궐음경에 침을 놓을 때는 혈을 나가게 하되 기를 나가게 해서는 안 되고, 소음경에 침을 놓을 때는 기를 나가게 하되 혈을 나가게 해서는 안 됩니다. 족양명위경과 족태음비경이 표리가 되고, 족소양담경과 족궐음간경이 표리가 되며, 족태양방광경과 족소음신경이 표리가 되는데, 이것은 발(足)로 흐르는 경맥의 음양 관계입니다. 수양명대장경과 수태음폐경이 표리가 되고, 수소양삼초경과 수소음심경이 표리가 되며, 수태양소양경과 수소음심경이 표리가 되는데, 이것은 손(手)으로 흐르는 경맥의 음양 관계입니다."

〈소문〉골공론骨空論

"임맥은 중극혈中極穴 아래 회음부에서 시작하여 음모 부위로 올라가 배 안을 따라 관원혈關元穴로 올라가서 인후에 이르며, 다시 턱 부위로 상행하여 눈으로 들어갑니다. 충맥은 기가혈에서 시작하여 족소음신경과 나란히 배꼽을 끼고 올라가서 흉중에 이르러 흩어집니다. 임맥에 병이 들면 남자는 안으로 맺혀 칠산(七疝: 고환이 붓고 아픈 증상의 총칭)이 되고, 여자는 대하가 흐르고 뱃속에 덩어리가 생기게 됩니다.

충맥에 병이 들면 기가 거꾸로 치솟아 복부에 통증이 생깁니다. 독맥에 병이 들면 척추가 뻣뻣해집니다. 독맥은 아랫배의 횡골(橫骨: 두덩뼈) 아래 가운데에서부터 시작됩니다. 여자의 경우 오줌관에 연계되어 있는데 오줌관은 요도 끝에 있습니다. 그 낙맥은 음기(陰器: 성기)를 순행하여 회음부에서 합쳐지고, 다시 회음부의 후면을 돌며, 그 별락別絡은 엉덩이로 순행하여 족소음경과 족양경의 경락과 합쳐집니다. 족소음경과 합쳐진 별락은 대퇴부 안쪽의 뒷부분을 따라 올라가 척골(脊骨: 등골뼈)을 통과하여 신장에 귀속됩니다. 족태양경과 회합한 별락은 족태양경과 함께 눈의 안쪽 끝에서 시작하여 이마로 올라가고, 전정에서 좌우가 합쳐져 뇌에 들어가 연계된 다음, 다시 돌아 나와 목으로 내려가서 어깨 안쪽을 순행하며, 척골을 따라 허리 가운데에 이르고, 등줄기를 따라 들어가 신장에 연계됩니다. 남자일 경우에는 음경을 따라 하행하여 회음부에 이른 뒤 여자와 같은 순행 경로를 따릅니다. 아랫배에서 곧게 올라가는 임맥은 배꼽의 중앙을 지나고, 심장을 통과하여 목구멍으로 들어가며, 턱으로 올라가 입술 주위를 한 바퀴 돌고, 위로 올라가 양쪽 눈밑 가운데로 이어집니다. 여기에 병이 생기면 아랫배에서 치솟아 심장 부위까지 통증이 오고 대소변을 보지 못하는데, 이를 충산衝疝이라 합니다. 여자인 경우에는 불임, 치질, 요실금, 목구멍이 마르는 증상이 생깁니다."

〈영추〉역순비수逆順肥瘦

황제가 물었다. "족소음신경만이 아래로 운행하는 것은 무슨 이유입니까?" 기백이 답했다. "그렇지 않습니다. 충맥이란 오장육부의 바다로서, 오장육부는 모두 충맥에 의해 영양분을 공급받습니다. 위로 운행하는 맥은 항상(頏顙: 입천장의 부드러운 부분 뒤쪽)에서 나온 다음 여러 양의 경맥에 들어가 여러 장부에 정기를 공급합니다. 아래로 내려가는 맥은 대종혈大鐘穴에서 족소음신경의 별락에 들어가 기가에서 나오고, 대퇴 안쪽을 따라 순행하여 오금으로 들어가며, 종아리 안쪽으로 운행하여 안쪽 복사뼈 뒤쪽의 경골(脛骨: 정강이뼈)과 부골(跗骨: 발목뼈)이 접해 있는 부위에 이르러 갈라집니다. 아래로 운행하는 맥은 족소음신경과 어울려 삼음경三陰經에 퍼져 들어가고, 앞쪽으로 순행하는 맥은 운행하다가 부속(跗屬: 아킬레스건이 붙은 곳) 위쪽으로 나와서 아래로 발등을 따라 내려간 뒤 엄지발가락 사이에 들어가 여러 낙맥에 스며들어서 기육을 따뜻하게 길러줍니다."

〈영추〉맥도脈度

황제가 물었다. "교맥蹻脈은 어디에서 시작하고 어디에서 끝나며, 어느 경맥의 기를 빌려 끊임없이 운행합니까?" 기백이 답했다. "음교맥은 족소음신경의 별맥別脈으로 연골 뒤쪽에 있는 조해혈照海穴에서 시작하여 내과(內踝) 위로 올라간 다음, 대퇴 내측을 따라 곧바로 올라가 성기로 들어가고, 위로 가슴 속을 따라 올라가 결분에 들어가서 인영 앞으로 나오며, 광대뼈 부근으로 들어가 눈의 안쪽 끝과 연결되고, 족태양방광경과 양교맥과 만나서 위로 올라가는데, 음양 두 기가 함께 돌아오면 두 눈을 적셔 부드럽게 하고, 음교맥의 기가 눈에 영양분을 주지 못하면 양기가 지나치게 많아져 눈을 감지 못하게 됩니다." 황제가 물었다. "음교맥의 기가 유독 오장에서만 운행하고 육부에서는 운행하지 않는 것은 무엇 때문입니까?" 기백이 답했다. "맥기脈氣는 마치 물의 흐름이나 해와 달이 쉬지 않고 운행하는 것처럼 운행합니다. 그러므로 음맥陰脈은 오장으로 운행하고 양맥陽脈은 육부로 운행하여, 시작이나 끝이 없는 고리처럼 끊임없이 반복하여 운행합니다. 그 흘러넘치는 기는 안으로는 장부를 관개灌漑23하고 밖으로는 주리를 촉촉하게 적십니다."

6. 병의 원인과 기제

〈소문〉 생기통천生氣通天

황제가 말했다. "예로부터 사람의 기와 천지의 기가 상응하고 하나로 관통하는 것이 생명의 근본으로서, 그것은 음양에 뿌리를 두고 있다고 했습니다. 온 천지 사방에서 인간 몸의 구규九竅, 오장 및 열두 마디 모두는 하늘의 기와 상응하고 관통합니다. 하늘의 기는 오행을 낳고, 그 기는 삼음삼양三陰三陽입니다. 만일 하늘과 사람을 하나로 통하고 있는 이러한 질서를 자주 어기면 사기가 몸을 손상시킵니다. 이것은 목숨을 보존하는 근본입니다.

저 푸른 하늘의 기가 맑고 깨끗하면 사람의 정신도 완전해지고, 이를 따르면 양기가 든든해져 해로운 사기가 있을지라도 해를 입지 않게 됩니다. 이것이 사계절의 질서입니다. 그러므로 성인聖人은 정신을 한곳에 모으고 하늘에 따라 신명을 통하게 합니다. 이것을 어기면 안으로 구규가 막히고 밖으로 기육이 옹체(壅滯: 막혀서 풀리지 않음)되어 위기衛氣가 흩어져버립니다. 이를 자상自傷이라 하는데, 양기가 소모되어 쇠약해지는 것을 말합니다."

"양기는 하늘의 태양과 같아서 있어야 할 곳을 벗어나면 요절하게 됩니다. 하늘이 운행할 때 태양으로 빛을 밝히기 때문에, 사람의 양기도 몸의 윗부분으로 올라가 밖을 보위保衛하는 것입니다. 추위가 원인이 되어 병이 났을 때는 위기가 문지도리²⁴가 잘 움직이듯 회전하려 해도, 그 기거하는 동작이 편안치 않고 변화가 심해져서 신기神氣가 떠올라버립니다. 더위가 원인이 되어 병이 났을 때는 땀이 나고 가슴이 답답하며, 숨이 가쁘고 갈증이 나며, 안정되면 말이 많아지고, 몸이 마치 숯이 타들어가듯 뜨겁게 달아오르는데, 땀이 나야 사기가 흐트러지게 됩니다.

　습한 기운이 원인이 되어 병이 났을 때는 무언가를 머리에 뒤집어쓴 듯 습열濕熱이 없어지지 않고, 힘줄들이 팽팽해지거나 축 늘어지게 됩니다. 이때 팽팽해지면 경련하게 되고, 축 늘어지면 힘을 못 쓰고 무력하게 됩니다. 바람이 원인이 되어 병이 났을 때는 몸이 부으며, 네 가지 사기가 번갈아가면서 사람을 상하게 하면 양기가 다하고 맙니다."

　"양기가 과도하여 밖으로 넘쳐나면 정精이 끊어져 다하고, 그것이 여름까지 지속되면 전궐(煎厥: 음이 허약해져 음정이 말라 끊어지며 혼미하게 되는 병증)이 나타나게 됩니다. 눈이 멀어 볼 수 없고, 귀가 닫혀 들을 수 없으며, 마치 제방이 무너지는 것 같고 물이 흘러넘치는 것 같아 막아낼 수가 없습니다. 크게 노여워하면, 장부의 경락이 막혀 양기가 끊어지고 혈이 머리에 몰려드는데, 그것이 맺혀 박궐(薄厥: 크게 노여워해서 기혈이 위로 거슬러 올라감으로써 생기는 혼미 증상)이 나타나게 됩니다. 힘줄이 상하여 축 처져서 몸의 한쪽에만 땀이 나고, 몸이 한쪽에만 시드는 병증이 나타나게 됩니다. 땀이 날 때 습한 것을 만나면 좌비(痤痱: 뾰루지나 땀띠)가 생깁니다. 기름진 음식이 변하면 큰 종기가 생기는데, 마치 빈 그릇이 담은 것을 받아들이는 것과 같이 병에 걸리기 쉽습니다. 고된 일로 땀을 흘릴 때 바람을 맞으면 한사가 드세어져서 코에 열꽃이 피고, 이것이 울결하면 뾰루지가 됩니다."

"양기는 정기精氣가 충실하면 신기神氣를 길러주고, 화평하면 힘줄을 길러줍니다. 땀구멍이 열리고 닫힘이 제대로 되지 않아 한기가 엄습하면 구루병이 생기고, 이것이 맥 속으로 들어가면 부스럼이 생겨 살갗으로 번지게 됩니다. 사기가 수혈의 기로 변해서 안으로 오장에 들어 심기를 핍박하면 자주 두려워하게 되고, 간기를 핍박하면 잘 놀라게 됩니다. 영기營氣가 거역하여 혈이 울결하게 되고 그 결과 열이 모여 곪아서 옹종이 됩니다. 덥지도 않은데 땀을 흘리고 멈추지 않으면, 형체가 여위고 약해지며 기가 소진되기 때문에 혈수가 막히고, 바람에 병이 생겨 오들오들 떨게 됩니다. 그러므로 풍은 모든 병의 시작입니다. 인체의 양기가 맑고 깨끗하면 주리가 닫혀 사기가 침범할 수 없기 때문에, 대풍大風이나 독이라 하더라도 해치지 못합니다. 이것은 계절의 질서를 따르기 때문입니다. 그러므로 병이 오래되면 다른 병으로 발전하는데, 몸의 위아래 기운이 소통하지 못하면 음양의 기운이 움직이지 못하기 때문에, 아무리 훌륭한 의사라도 어쩌지 못합니다. 그러므로 양기가 축적되면 병이 낫지 않아 죽게 되고, 양기가 막히게 되면 양기를 줄여야 하는데, 서둘러 정확하게 치료하지 않고 서툴게 다루면 모든 일이 허사가 됩니다. 양기는 하루 중 낮 동안은 몸의 바깥을 주관하는데, 아침에는 양기가 생기고 한낮에 이르면 성대해지며, 저녁이 되면 허해져서 땀구멍이 닫힙니다. 이래서 날이 저물면 활동이 줄

어드니 양기를 모아서 사기를 막아내야 합니다. 힘줄과 뼈를 불필요하게 움직여서 양기를 심하게 움직이게 해서는 안 되고, 찬 서리를 맞아 한기와 습기에 노출되어서는 안 됩니다. 하루 중 이 세 때를 어기면 몸이 피로하여 여위고 쇠약하게 됩니다."

기백이 말했다. "음은 정기를 저장하여 양의 정기를 만들어내고, 양은 밖을 보위하여 음의 정기를 든든하게 합니다. 만약 음이 쇠약하여 그 양을 이기지 못하면 맥의 흐름이 빨라지고, 양기가 지나치게 움직여 광기 어린 행동을 하게 됩니다. 반대로 양이 음을 이기지 못하면, 오장의 기가 다투게 되어 구규가 통하지 않게 됩니다. 이 때문에 성인은 음양의 조화를 이루어, 힘줄과 핏줄을 조화롭게 만들고, 골수를 견고하게 하며, 기혈을 모두 순해지게 했습니다. 이와 같으면 안팎이 조화를 이루어 사기가 해를 끼치지 못하며, 눈과 귀가 총명해지고, 몸의 기운이 정상적으로 운행됩니다."

"풍사가 침입하여 어지러운 기가 생기면 음정陰精이 소멸되고, 사기가 간을 상하게 합니다. 또한 과식하면 힘줄과 핏줄이 느슨해서 수축이 되지 않기 때문에 피고름을 쏟거나 치질에 걸리게 되고, 술을 지나치게 많이 마시면 기가 거역하고, 성생활이 문란하면 신장의 기가 손상되어 허리를 상하게 합니다.

음양의 가장 중요한 점은 양기가 밖에서 치밀해야 음기가 안에서 든든해지는데, 음양이 조화를 이루지 못하면 마치 봄은 있으나 가을은 없고, 겨울은 있으나 여름은 없는 것과 같게 됩니다. 이 때문에 이들을 조화시키는 것을 일러 성인의 법도라 하는 것입니다. 그러므로 양기가 과도하게 강해져서 치밀함을 유지하지 못하면 음기가 끊어지며, 음양이 조화를 이루면 정신이 다스려지고, 음양이 분리되면 정기가 끊기게 됩니다. 바람과 찬 기운에 손상되면 한열이 발생합니다."

"봄철 풍사에 손상되면 사기가 여름까지 계속 머물러 심각한 설사 증세가 나타나고, 여름철 더운 기운에 손상되면 가을에 학질이 되며, 가을철 습한 기운에 손상되면 기가 위로 치솟아 기침을 하게 되고 위증(痿證: 팔다리가 늘어지고 마음대로 움직이지 못하는 증상들)과 궐증(厥證: 팔다리가 싸늘해지고 오그라드는 증상들)이 되며, 겨울철 찬 기운에 손상되면 봄에 반드시 온병(溫病: 봄에 생기는 열병)이 됩니다. 사시四時의 기는 번갈아 오장을 상하게 합니다."

"음정의 생성은 그 근본이 다섯 가지 맛에 있고, 음정을 저장하는 오장이 상하는 것은 다섯 가지 맛에 달려 있습니다. 이런 까닭에 신맛이 지나치면 간의 기가 강해져 비장의 기가 끊어지고, 짠맛이 지나치면 허리가 상하고 기육이 여위며 심장의 기가 억제됩니다. 쓴맛이 지나치면 심장의 기가 지나쳐 얼굴이 흙빛이 되고 신장의 기가 형평을 잃게 됩니다. 단맛이 지나치면 비장의 기가 윤택하지 못하여 위가 부풀어 오릅니다. 매운맛이 지나치면 힘줄과 핏줄이 축 늘어져 정신이 소모되고 상합니다. 이런 까닭에 다섯 가지 맛을 조심스럽게 조화시키면 뼈가 바르게 되고 힘줄이 부드러워지고 기혈이 잘 흐르고 주리가 치밀해져, 골기가 강하고 왕성해집니다. 또한 도道를 조심스럽게 본받으면 길이길이 천명을 보전할 수 있습니다."

〈영추〉 오변五變

황제가 소유少兪에게 물었다. "나는 이렇게 들었습니다. 모든 병은 시작될 때 반드시 풍風·우雨·한寒·서暑에서 생겨나 모공을 따라 주리에 침입합니다. 이것들은 이 병에서 저 병으로 전화하고, 어떤 경우에는 일정한 부위에 머물며, 어떤 경우에는 풍종(風腫: 풍사에 의해서 붓게 되는 병)을 일으키고 땀을 흘리게 하며, 어떤 경우에는 소단(消癉: 소갈병)을 일으키며, 어떤 경우에는 한열이 왕래케 하고, 어떤 경우에는 유비(留痹: 온몸이 저리고 아픈 것)를 일으키며, 어떤 경우는 적취(積聚: 배 속에 덩어리가 생겨 아픈 증상)를 형성합니다. 사기가 몸 안에 들어와 생기는 병증은 수를 헤아릴 수 없이 많은데, 그 까닭을 듣고 싶습니다. 또 같은 시간에 병이 걸렸는데 어떤 사람은 이런 병을 앓고 어떤 사람은 저런 병을 앓기도 합니다. 하늘이 사람을 가려 풍병을 앓게 한 것은 아니지 않습니까? 어떻게 그렇게 다를 수 있는지 듣고 싶습니다." 소유가 답했다. "풍사는 침범할 상대를 정해두지 않습니다. 그 유행은 공평하고 정직하여 사람이 바람을 건드리면 병이 되고 그것을 피하면 해를 입지 않습니다. 바람이 사람을 찾는 것이 아니라 사람이 그것을 건드렸기 때문입니다."

황제가 물었다. "같은 시간에 풍사를 만나 같은 시간에 발병했는데도 그 병이 각기 다른 까닭은 무엇입니까?" 소유가 답했다. "참으로 좋은 질문입니다. 나무를 다루는 장인에 비유하여 말씀드리겠습니다. 장인이 도끼나 칼을 갈아 나무를 베려 할 때, 나무의 음양에도 단단한 부분과 무른 부분이 있어 단단한 부분은 도끼가 잘 들지 않지만 무른 부분은 잘 쪼개집니다. 그러나 나무줄기와 가지가 접하는 곳에 도끼를 휘두르면 도끼의 날이 상합니다. 이렇게 같은 나무인데도 단단하고 무른 차이가 있어, 단단한 부분은 굳세고 무른 부분은 쉽게 상합니다. 하물며 나무가 달라 껍질의 두툼함과 얇음, 물기의 많고 적음이 다른 경우라면 어떻겠습니까? 꽃이 일찍 피고 잎이 먼저 나는 나무는 봄 서리와 심한 바람을 만나면 꽃은 떨어지고 잎은 시들게 됩니다. 지나치게 햇빛을 많이 받거나 큰 가뭄이 들면 속살이 무르고 껍질이 얇은 나무는 가지에 물기가 적어 잎이 시들고 맙니다. 또한 날이 흐리고 장마가 계속되면 껍질이 얇고 물기가 많은 나무는 껍질이 썩게 되며, 세찬 바람이 휘몰아치면 단단하거나 무른 나무들 모두 가지와 줄기가 부러지고 꺾이며, 가을의 찬 서리와 바람을 만나면 단단하거나 무른 나무들 모두 뿌리가 흔들리고 잎이 떨어지게 됩니다. 위의 다섯 가지 경우도 이러한데, 하물며 사람은 어떻겠습니까?"

황제가 물었다. "사람을 나무와 비교하여 말한다면 어떻습니까?" 소유가 답했다. "나무가 상했다고 할 때는 모두 그 가지가 상한 것을 뜻합니다. 가지가 강하거나 무르거나 간에 단단하기만 하다면 덜 상할 것입니다. 마찬가지로 사람 또한 뼈와 관절, 피부, 주리가 단단하지 않으면 사기가 들어와 항시 병에 걸리는 것입니다."

〈영추〉 백병시생百病始生

황제가 기백에게 물었다. "모든 병은 풍·우·한·서와 기쁨·노여움에서 생겨납니다. 기쁨과 노여움을 절제하지 못하면 오장이 손상되고, 풍사나 우사는 몸의 윗부분을 손상시키며, 한사나 습사는 몸의 아랫부분을 손상시킵니다. 병을 일으키는 세 가지 부분의 기가 저마다 다른데 그것에 대해 듣고 싶습니다." 기백이 답했다. "세 가지 부분의 기가 각기 다른 것은 때로는 음에서 생기고, 때로는 양에서 생기기 때문인데 그에 대해 말해보겠습니다. 기쁨이나 노여움을 절제하지 못하면 오장이 손상되는데, 오장이 상하는 것은 병이 음에서 생기기 때문입니다. 한사가 몸이 허약해진 틈을 타서 침범하면 병은 몸의 아랫부분에서 생기며, 풍사나 우사가 몸이 허약해진 틈을 타서 침범하면 병은 몸의 윗부분에서 생깁니다. 이것을 병이 발생하는 세 부위(三部)라고 하는 것입니다. 이 부분들의 변화는 매우 많기 때문에 이루 다 예를 들 수 없을 정도입니다."

황제가 물었다. "이런저런 변화 양상이 많기 때문에 선생님께 묻는 것이니, 그에 대해 잘 알려주십시오." 기백이 말했다. "풍사, 우사, 한사, 열사는 몸이 허약한 경우가 아니라면 그 이유만으로는 사람을 손상시키지 못합니다. 갑자기 질풍이나 폭우를 만났는데도 병이 나지 않는 사람은, 몸이 허약하지 않기 때문에 사기만으로 몸을 손상시키지 못한 것입니다. 이는 반드시 병을 일으키는 풍사와 허약한 몸이 서로 결합해야만 사기가 인체에 침입한다는 것입니다. 정상적인 기후와 건강한 몸이 서로 결합하는 경우에는 모든 사람의 기육이 견실하고 사기가 침입하지 못합니다. 허약한 몸에 비정상적인 기후의 사기가 침입했다면, 이것은 기후와 당시 몸의 상태 때문이고, 허약한 몸과 강한 사기가 결합하여 큰 병을 일으킨 것입니다. 사기가 몸에 들어오면 그 성질에 따라 일정한 부위에 머물게 되는데, 그 부위에 따라 상부, 중부, 하부로 이름 붙여지고, 그 외에도 삼원三貟[25]으로 나뉩니다."

"그러므로 허사가 몸에 침입할 때는 피부에서부터 시작하는데, 피부가 느슨해져 있으면 주리가 열리고, 주리가 열려 있으면 사기가 모공으로 들어가, 점차 깊은 곳으로 들어갑니다. 사기가 깊은 곳에 들어가면 모발이 곤두서고, 머리카락과 털이 곤두서면 몸이 으슬으슬 떨리고 피부에 통증이 생깁니다. 이때 사기가 머무르며 제거되지 않으면 사기는 머무는 장소를 낙맥으로 옮깁니다. 사기가 낙맥에 있으면 기육에 통증이 발생하는데, 그 통증이 있다가 없다가 하면 경맥이 낙맥을 대신하고 있는 것입니다. 이때 사기가 머무르며 제거되지 않으면 사기는 머무는 장소를 경맥으로 옮기게 되고, 사기가 경맥에 머물면 오한이 납니다. 이때 사기가 머물며 제거되지 않으면 사기는 머무는 장소를 수맥(輸脈: 족태양경방광경)으로 옮기는데, 사기가 수맥에 있으면 육경(六經: 손과 발의 삼음삼양의 경)의 기가 통하지 않아 사지에 통증이 일고 허리가 뻣뻣해집니다. 이때 사기가 머무르며 제거되지 않으면 사기는 머무는 장소를 척추의 안쪽을 운행하는 충맥으로 옮기게 되고, 온 삭신이 쑤시게 됩니다. 이때 사기가 머물러 제거되지 않으면 사기는 머무는 장소를 장위(腸胃: 입에서 항문까지의 소화 기관)로 옮기게 되고, 사기가 장위에 있으면 속이 더부룩하여 부글부글하고 배가 부풀어 오릅니다. 이때 한기가 심하면 장명腸鳴, 손설殆泄, 소화 불량이 생기고, 열이 심하면 변이 매우 물러 설사를 심하게 합니다. 이때 사기가 머무르며 제거되지 않으면 사기는 머무는 장소를 장위 바깥으로 옮겨 막원(膜原: 위 밖의 막)의 미세한 낙맥에 머무는데, 사기가 여기에 멈춰 제거되지 않으면 사기와 기혈이 울결하여 점차 자라서 적괴(積塊: 덩어리)가 만들어집니다. 사기가 인체에 침입하면 혹은 손맥孫脈, 혹은 낙맥, 혹은 양명경맥, 혹은 족태양경맥, 혹은 충맥, 혹은 척추의 근육, 혹은 장위의 막원, 혹은 완근(緩筋: 족양명위경에 분포되어 있는 힘줄)으로 들어가는 등, 사기의 변화 양상이 일일이 말할 수 없을 정도로 복잡해집니다."

황제가 말했다. "그 연유를 듣고 싶습니다." 기백이 답했다. "사기가 손락孫絡²⁶의 맥에 머무르며 적괴를 형성하면 그 적괴는 상하로 왕래합니다. 이 적괴가 손락 부위에 모이면, 손락은 깊지 않고 느슨하기 때문에 적괴를 잡아매어 움직이지 않게 할 수 없습니다. 그래서 적괴는 장위 사이를 왕래합니다. 수기水氣가 있으면 적괴는 장 속으로 모여들어 물 흐르는 소리를 내며, 한사가 있으면 배가 부어오르고 장에서 꾸르륵꾸르륵 하는 소리가 나면서 당기고, 배가 수시로 칼로 베어내는 것처럼 아픕니다. 사기가 양명경맥에 머무르면 형성된 적괴는 배꼽 주위에 위치하는데, 포식하면 점점 커지고 먹지 않으면 점점 작아집니다. 사기가 완근에 머무르면 양명경맥의 적괴처럼 포식하면 아프고 먹지 않으면 편합니다. 사기가 장위의 막원에 머물면 통증이 생기고 아픔이 완근까지 미쳐서, 포식하면 편하고 먹지 않으면 통증을 느낍니다. 사기가 복충맥伏衝脈에 머무르는 경우에는 손으로 누르면 박동감이 느껴지고, 손을 떼면 열기가 양 넓적다리 부근으로 내려가 마치 끓는 물을 붓는 것처럼 느껴집니다. 척려脊膂는 장 뒤에 있기 때문에, 사기가 척려에 머물면 공복 시에는 적괴를 감지할 수 있으나 포식하면 적괴를 감지할 수 없고, 만져도 찾을 수 없습니다. 사기가 수맥에 머물면 맥도가 막혀 통하지 않고, 진액이 내려가지 않아 피모의 구멍들이 건조해져서 막히게 됩니다. 이것은 사기가 밖에서 안으로 침입하고, 위에서 아래로 전변한 것입니다."

황제가 물었다. "적괴의 발생과 완전한 형성에 이르는 과정에 대해 듣고 싶습니다." 기백이 답했다. "적괴는 처음에 한사에 감염되어 생성되고, 한기가 아래에서 위로 거슬러 오르면서 울결되어 형성됩니다."

황제가 물었다. "적괴가 형성되면 어떻게 됩니까?" 기백이 말했다. "한기가 아래에서 위로 거슬러 오르면 발 부위가 시큰시큰 아파서 활동하기 불편하며, 더 진전되면 정강이가 냉랭해지고, 정강이가 냉랭해지면 혈맥이 응체되어 잘 통하지 않으며, 혈맥이 응체되어 잘 통하지 않으면 한사는 상부로 가서 장위에 침입합니다. 장위가 한사에 감수되면 양기가 조화를 이루지 못하여 부풀어 오르는 증세가 나타나고, 장밖에 있는 진액이 핍박을 받아 모여들게 됨으로써 이 진액이 전신으로 살포될 수 없게 되는데, 시일이 지나면 이것이 차츰 적괴가 됩니다. 갑작스럽게 음식을 많이 먹으면 장위가 그득하고, 절제 없이 먹고 자거나 힘을 과도하게 쓰면 낙맥이 손상됩니다. 이때 양락陽絡이 손상되면 혈은 외부로 넘치는데, 혈이 외부로 넘치면 코피가 납니다. 반면 음락陰絡이 손상되면 혈이 내부로 넘치는데, 혈이 내부로 넘치면 대소변에 피가 섞입니다. 장위의 낙맥이 손상되면 혈은 장 바깥으로 넘치는데, 장 바깥에 한사가 있어 진액과 혈이 서로 다투면 엉켜 풀어지지 않게 되어 적괴가 됩니다. 갑자기 외부에서 한사를 받거나, 혹은 근심이나 노여움으로 인해 내부가 손상되면 기는 아래에서 위로 거슬러 오르게 됩니다. 그러면 육경의 수〔輸: 혈穴의 다른 이름〕가 통하지 않고 양기가 운행되지 않으므로, 혈이 굳어져 뭉치고 풀어지지 않는 상태가 되며, 진액 또한 굳어져서 온몸을 부드럽게 적셔주지 못합니다. 이렇게 사기가 머물러 제거되지 않으면 적괴가 됩니다."

황제가 물었다. "병이 오장에서 발병하는 것은 어떻습니까?" 기백이 답했다. "지나친 근심이나 사려로 심장이 손상되고, 찬 것이 겹치면 폐가 손상되며, 분노하면 간이 손상되고, 술에 취한 채 성행위를 하거나 땀을 흘린 후 바람을 쐬면 비장이 손상되며, 지나치게 힘을 쓰거나 혹은 성행위를 하며 땀을 흘린 뒤에 곧장 목욕하면 신장이 손상됩니다. 이렇게 위의 두 부분과 이 부분27을 합해 인체 안팎의 세 가지 부분에서 병이 생깁니다."

황제가 물었다. "잘 알겠습니다. 치료는 어떻게 합니까?" 기백이 답했다. "아픈 곳을 살펴 상응하는 병증의 변화를 알아서 남거나 부족한 정황을 파악한 후, 더해야 할 것은 더하고 덜어내야 할 것은 덜어내며 사계절의 변화를 거스르지 않아야 합니다. 이것이 제일 좋은 치료법입니다."

〈소문〉 거통론擧痛論

황제가 물었다. "나는 이미 모든 병은 기에서 생긴다는 것을 알고 있습니다. 화를 내면 기가 위로 오르고, 기뻐하면 기가 완만해지며, 슬퍼하면 기가 흩어지고, 두려워하면 기가 가라앉게 됩니다. 차가운 기는 기를 수렴시키고, 뜨거운 기는 기를 새어나가게 하며, 놀라면 기가 어지럽고, 과로하면 기가 소모되며, 사려가 지나치면 기가 울결합니다. 이와 같이 아홉 가지의 기가 같지 않은데 어떤 병들이 생깁니까?"

기백이 답했다. "화를 내면 기가 거꾸로 치솟는데, 심하면 피를 토하고 먹은 것을 넘기지 못합니다. 이것이 바로 기가 치솟아 생기는 병입니다. 기뻐하면 기가 조화되어 마음이 편해지고 영위의 기가 순조롭게 소통하므로 기가 완만해집니다. 슬퍼하면 심계(心系: 직접 심장과 연계된 큰 혈관)가 급해지고 폐장이 확대되며, 상초上焦가 이로 인해 막혀서 영위의 기가 정상적으로 퍼지지 못하고, 열기가 가운데에 울결되어 막히므로 기가 점차적으로 소모됩니다. 두려움과 공포를 느끼면 정기가 가라앉습니다. 정기가 가라앉고 상초가 막히면 기가 소통되지 않고, 기가 소통되지 않으면 하초가 더부룩해져 기가 아래로 내려갑니다. 한사가 인체에 침입하면 주리가 닫히므로 양기가 외부에 이르지 못하고 내부에 수렴됩니다. 열기는 주리를 열리게 하므로 영위의 기가 너무 잘 통해 땀을 많이 흘리게 하고, 기는 땀이 배출될 때 함께 몸 바깥으로 빠져나갑니다. 놀라면 심기가 의지할 곳을 잃게 되고, 신기가 머물 곳이 없어져 생각이 안정되지 않으므로 기가 어지러워집니다. 힘든 일은 호흡을 가쁘게 하고 땀을 배출시킵니다. 기가 안으로 넘치면 호흡이 가쁘고 땀이 나는데, 이는 안팎의 기가 모두 넘쳐나가서 기가 소모되는 것입니다. 정신이 한곳에 집착하면 정기正氣가 어느 한곳에 몰려 운행되지 않으므로 기가 울결됩니다."

〈영추〉 순기일일분위사시順氣一日分爲四時

황제가 물었다. "병은 반드시 조燥·습·한·서·풍·우, 무절제한 성생활, 감정의 부조화, 음식, 거처 등에서 시작됩니다. 사기가 바깥에서 들어오면 여러 가지 맥증이 나타나고, 사기가 오장에 들면 여러 가지 다른 병명이 생기는 것을 알고 있습니다. 그런데 대부분의 병의 통증이 아침에는 덜하고, 낮에는 안정되며, 저녁에는 좀 심해지고, 밤에는 매우 심해지는 까닭이 무엇입니까?" 기백이 답했다. "사계절의 기가 그렇게 만들기 때문입니다."

황제가 물었다. "사계절의 기에 대해 듣고 싶습니다." 기백이 답했다. "봄철에는 만물이 생겨나고 여름철에는 자라고 가을철에는 거두어들이고 겨울철에는 저장하는 것, 이것이 항상 사계절 기의 질서고 사람 역시 거기에 감응합니다. 하루를 사계절로 나누면 아침은 봄이고 낮은 여름이며 저녁은 가을이고 한밤중은 겨울입니다. 아침이 되면 인체의 정기가 생겨나고 병기病氣는 쇠퇴하기 때문에 아침에는 아픔이 덜합니다. 낮에는 인체의 정기가 자라서 사기를 이기므로 안정됩니다. 저녁에는 인체의 정기가 쇠퇴하고 사기가 발생하기 시작하므로 병이 좀 심해집니다. 한밤중에는 인체의 정기가 장부로 들어가 숨어버리고 사기만 홀로 몸에 머물기 때문에 병이 심해지는 것입니다."

황제가 물었다. "때에 따라서는 그에 부합되지 않는 경우가 있는데 왜 그렇습니까?" 기백이 답했다. "그것은 사계절의 기에 응하지 않고, 어느 한 장기만이 그 병을 주관하기 때문입니다. 장기가 사계절의 기를 이기지 못하면 병이 심해지고, 이기면 고통이 덜해집니다."[28]

〈소문〉 옥기진장론玉機眞臟論

"오장은 사기를, 그 사기를 낳은 장기에서 받고, 그 사기를 이길 수 있는 장기로 전하는데, 사기는 자기를 낳아준 장기에 깃들고, 이길 수 없는 장기에서 죽습니다. 병들어 죽는 것을 사기가 역행했다고 말하는데, 바로 그렇게 하여 죽는 것

입니다.[29]

간은 심장에서 사기를 받아 비장에 전하는데, 사기는 신장에 머물다가 폐에 이르면 죽습니다. 심장은 비장에서 사기를 받아 폐에 전하는데, 사기는 간에 머물다가 신장에 이르면 죽습니다. 비장은 폐에서 사기를 받아 신장에 전하는데, 사기는 심장에 머물다가 간에 이르면 죽습니다. 폐는 신장에서 사기를 받아 간에 전하는데, 사기는 비장에 머물다가 심장에 이르면 죽습니다. 신장은 간에서 사기를 받아 심장에 전하는데, 사기는 폐에 머물다가 비장에 이르면 죽습니다. 이상은 모두 사기가 역전하여 죽음에 이르는 것입니다. 하루 낮과 하루 밤을 다섯으로 나누어 오행의 배속 관계에 따라 오장을 분속시키면 죽는 시간이 아침인지 저녁인지를 알아맞힐 수 있습니다."

황제가 말했다. "오장은 그 기가 서로 통하기 때문에, 오장병의 전변轉變에는 일정한 순서가 있습니다. 오장 중 어느 장기에 질병이 발생하면 그 장기는 그 질병을 이길 수 있는 장기에 그것을 전합니다. 만약 치료하지 않으면 긴 경우 3~6개월 만에, 짧은 경우 3~6일 만에 오장에 질병이 전해지고 그렇게 되면 죽습니다. 이상은 자신이 이기는 장기로 전변하는 순서입니다. 그러므로 '양맥을 변별할 수 있으면 병이 어느 곳에서 발생했는지를 알 수 있고, 음맥을 분별할 수 있으면 죽고 사는 때를 추측할 수 있다'는 것은 병기가 자신을 이기는 장기에 들어가면 죽게 되는지도 알아야 함을 말하고 있습니다."

"그러므로 풍은 모든 병을 일으키는 으뜸이 됩니다. 풍사와 한사가 몸에 침입하면 전신의 털이 바짝 일어서고, 피부가 막혀 열이 나는데, 이런 경우에는 마땅히 땀을 내서 발산시켜야 합니다. 혹 저려서 마비되고 붓고 아플 때에는 마땅히 더운 물로 씻거나, 더운약으로 싸거나,30 뜸을 뜨거나, 침을 놓거나 하여 풍사를 제거합니다. 제때에 치료하지 않아서 사기가 폐로 들어간 것을 폐비肺痹라 하는데 기침, 기역氣逆이 발생합니다. 이때 치료하지 않으면 폐의 병사가 간으로 전해져 간비肝痹가 됩니다. 간비는 일명 궐병厥病이라고도 하는데 옆구리가 아프고 음식을 토합니다. 이때는 안마를 하거나 침을 써서 치료할 수 있습니다. 이때 치료하지 않으면 간의 병사가 비장으로 전해져서 비풍脾風이 되는데, 황달이 생기고, 배에 열이 나며, 가슴이 답답하고, 소변이 누르스름합니다. 이때는 안마를 하거나 약을 쓰거나 목욕을 시키는 방법으로 치료할 수 있습니다. 이때 치료하지 않으면 비장의 병사가 신장으로 전해집니다. 병명은 산하疝瘕라 하는데, 아랫배가 답답하고 아프고 괴로우며 소변이 탁하여 일명 고蠱31라고 합니다. 치료하지 않으면 신장에서 심장으로 병이 전변되고, 힘줄과 맥이 서로 당기고 팽팽해져 경련이 생기는데 이 병을 계瘈라고 합니다. 이때에는 뜸을 뜨거나 약을 써서 치료할 수 있습니다. 이

때는 안마를 하거나 약을 써서 치료할 수 있습니다. 이때 치료하지 않으면 10일 만에 죽게 됩니다. 신장의 병은 심장으로 전해지는데, 심장의 병이 곧바로 다시 병기를 반전反傳하여 폐에 전하게 되면 한열이 왕래하여 3일이면 죽게 됩니다. 이것이 오장병이 진행되는 순서입니다. 그러나 갑자기 발생하는 병은 오장에 전해지는 순서를 따라 치료를 논할 필요가 없습니다. 또 순서에 따라 전변되지 않는 것으로 근심·두려움·슬픔·기쁨·노려움에 의한 것이 있는데, 순서를 따르지 않고 닥치면 발생합니다. 그러므로 이러한 병은 큰 병이 됩니다. 기쁨이 지나치면 심화心火가 허하게 되고, 심화가 허하면 신장의 기가 이를 침범하며, 노여워하면 간의 기가 거슬러 비장을 침범하고, 슬프면 폐기가 간을 침범하고, 두려워하면 비장의 기가 신장을 침범하고, 근심하면 심장의 기가 폐를 침범하는데, 이것이 순서에 따라 전변하지 않는 경우입니다. 이렇게 한 개의 장기에는 다섯 가지 병변이 있으므로 오장의 병변으로는 모두 25변變이 있고, 이런 식으로 강한 것이 약한 것을 침범하는 방법으로 전해집니다."

7. 진단 방법

〈소문〉오장별론五臟別論

황제가 물었다. "촌구맥만을 짚어보고 오장의 기가 변화하는 것을 알 수 있습니까?" 기백이 답했다. "위는 음식물이 모이는 바다며, 육부의 원천입니다. 음식물의 다섯 가지 맛이 입으로 들어와 위에 저장되었다가 오장의 기를 길러주는데, 기구氣口가 족태음비경에 속하므로 오장육부의 기미氣味는 모두 위장에서 나오고, 그 변화는 모두 촌구맥에 나타납니다. 하늘의 오기五氣는 코로 들어와 심장과 폐에 저장되기 때문에, 심장과 폐에 병이 들면 코로 기운이 소통되지 않습니다."

"병을 치료할 때는 반드시 대소변을 살피고, 맥의 허실을 보며, 환자의 심리 상태를 살펴야 합니다. 귀신에 얽매인 사람과는 함께 의도醫道를 논할 수 없고, 침석鍼石32을 싫어하는 사람과는 함께 그 기술을 논할 수 없습니다. 병에 걸렸는데 치료 받고자 하지 않는 사람은 필시 병이 치료되지 않기 때문에 치료한다 해도 효과가 없습니다."

〈소문〉맥요정미론脈要精微論

황제가 말했다. "진맥은 어떻게 합니까?" 기백이 답했다. "진맥은 보통 새벽녘에 하는데, 이때는 움직임이 없어 음기가 아직 동요하지 않고, 양기가 아직 흩어져 소모되지 않으

	맥의 상태	촌구寸口	관상關上	척중尺中
왼손	맥이 뜸(浮)	소장	담	방광
	맥이 가라앉음(沈)	심장	간	신장
오른손	맥이 뜸(浮)	폐	비장	심포心包
	맥이 가라앉음(沈)	대장	위장	삼초三焦

진맥 부위 33

며, 음식을 아직 먹지 않고, 경맥이 아직 왕성하지 않으며, 낙맥이 조화롭게 고루 균형을 이루고 있고, 기혈이 아직 어지럽지 않을 때이므로 비정상적인 맥상脈狀을 진단할 수 있습니다. 맥의 움직임과 고요함을 알아내고, 눈빛을 보고, 얼굴색을 살피고, 오장의 여유와 부족, 육부의 강약, 몸의 왕성함과 쇠약함을 관찰한 후 이것들을 참고하고 증명해서 생사를 판단합니다."

"맥이라는 것은 혈이 모이는 곳입니다. 맥이 길면 기가 화평한 것이고, 맥이 짧으면 병이 난 것이며, 맥이 빨리 뛰면 가슴이 답답한 것이고, 맥이 크면 병이 계속 발전하는 것입니다. 촌구의 맥이 크면 사기가 위에서 막힌 것으로 호흡이 가빠지고, 척尺35 부위의 맥이 크면 사기가 아래에 체한 것이므로 배가 부풀어 오르며, 대맥大脈이면 오장의 기가 쇠약해진 것이고, 맥이 가느다랗게 느껴지면 정기가 줄어든 것이며, 맥이 빽빽하면 심장에 통증이 있는 것이고, 맥의 흐름이 마

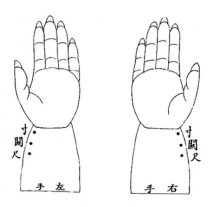

촌관척 진맥 부위 34

치 샘물이 솟아오르는 듯하면 병이 나쁘게 진행되어 기색이
나빠진 것이며, 맥이 미세하고 힘이 없이 마치 활시위가 갑
자기 끊어지는 것과 같으면 죽게 됩니다.

　눈빛과 얼굴색은 장부의 정기가 밖으로 표현된 것입니다.
붉은색은 얇은 흰 비단으로 주사朱砂를 싸맨 것과 같이 가려
져 드러날 듯 말 듯 은은해야 하고 대자석처럼 뻘겋고 어둑
어둑하게 광택이 없어서는 안 되며, 흰색은 거위의 깃털과
같이 희어야 하고 소금처럼 회암색을 띠어서는 안 됩니다.
푸른색은 푸르면서 밝게 윤택이 나는 구슬과 같아야 하고 쪽
처럼 암청색이어서는 안 되며, 황색은 얇은 비단으로 웅황을
싸맨 것처럼 밝고 윤택해야 하고 윤택이 없는 황토와 같아서
는 안 되며, 검은색은 옻칠을 여러 번 한 것같이 광채와 윤이

나야 하고 먼지가 쌓인 검은 흙과 같아서는 안 됩니다. 오장의 정미精微가 오색으로 드러나는 것은 오장의 진기가 밖으로 빠진 것이므로 그러한 사람의 수명은 오래가지 못합니다. 눈빛은 만물을 살피는 것으로, 검은색과 흰색의 구별이 있고 길고 짧음의 구별이 있는데, 짧은 것이 길어지고 긴 것이 짧아지며 흰색이어야 할 것이 검어진다면 이는 정기가 쇠약해져 다한 것입니다."

"오장은 몸의 정기를 지킵니다. 몸속에 사기가 왕성하여 장기가 막혀 그득하고, 기가 치솟아 두려움으로 손상되면, 목소리가 방 안에서 말하는 것처럼 무겁고 흐리며 분명하지 않게 되는데, 이것은 가슴과 윗배에 습사가 침해한 것입니다. 목소리가 작으면서 하루 종일 같은 말만 거듭한다면 이는 몸 안에 있는 정기가 밖으로 빠져나간 것이고, 의복을 단정하게 하지 못하고, 선한 말과 악한 말을 구별하지 못하며, 가까운 사람과 낯선 사람을 구별하지 못한다면 이는 신명神明이 산란한 것입니다. 창고에 음식물의 정기를 저장하지 못하는 것은 문호門戶가 든든하지 않기 때문이고, 요실금을 보이는 것은 방광이 저장하지 못하기 때문입니다. 오장이 정기를 잘 지키면 살고 지키지 못하면 죽게 됩니다.

오장은 신체를 강건하게 해줍니다. 머리는 정기와 신명이 있는 곳인데, 만일 머리를 아래로 숙인 채 위로 들지 못하고 눈이 푹 꺼져 있으면 장차 정신이 탈진하려는 것입니다. 등은 흉중胸中이 있는 곳인데, 등이 굽거나 어깨가 아래로 처지면 장차 심장과 폐에 이상이 생기려는 것입니다. 허리는 신장이 있는 곳인데, 허리를 돌리지 못하면 신장이 장차 못쓰게 되려는 것입니다. 그리고 무릎은 힘줄이 있는 곳인데, 무릎을 굽혔다 폈다 하지 못하고 걸을 때 지팡이에 의지한다면 힘줄이 장차 못쓰게 되려는 것입니다. 뼈는 골수가 있는 곳인데, 오래 서 있지 못하고 걸을 때 몸을 휘청거리면 뼈가 장차 못쓰게 되려는 것입니다. 오장의 기가 강건하면 살고 그렇지 못하면 죽습니다."

황제가 물었다. "맥은 사계절에 따라 어떻게 움직입니까? 또한 병이 있는 곳을 알려면 어떻게 해야 하며, 병이 변해가는 것을 알려면 어떻게 해야 하고, 병이 잠시 몸 안에 머물러 있는지를 알려면 어떻게 해야 하며, 병이 잠시 몸 밖에 있는지를 알려면 어떻게 해야 합니까?" 기백이 답했다. "사람의 맥과 하늘의 위대한 운행과 이 세상의 모든 변화는 음양의 상응에 따른 것입니다. 저 봄의 따뜻함은 여름의 더위가 되고, 가을의 서늘함은 겨울의 매서움이 됩니다. 이 사계절의 변화가 맥에서는 위로 뜨고 가라앉는 것으로 나타나는데, 봄에는 맥이 원을 그리는 컴퍼스처럼 원활하고, 여름에는 맥이 직각을 그리는 굽은 자처럼 크고 넓으며, 가을에는 맥이 물위에 떠 있는 머리카락처럼 가볍고 깔깔한 것이 양팔 저울이 균형을 맞추는 듯하며, 겨울에는 맥이 가라앉고 무거워 저울

추가 처지듯 아래로 잠깁니다. 그러므로 동지에서 입춘에 이르기까지 45일 동안에는 양기가 조금씩 떠오르고 음기는 조금씩 가라앉으며, 하지에서 입추에 이르기까지 45일 동안에는 음기가 조금씩 떠오르고 양기는 조금씩 가라앉습니다. 음양이 오르내리는 데는 일정한 시기가 있고, 맥상도 이에 따라 변화합니다. 만일 이 시기에 부합하지 않으면 맥도 변합니다. 맥도 사계절에 부합되어 시기에 맞는 맥이 있기 때문에 병을 알 수 있고 죽을 시기도 알 수 있습니다. 사계절 음양 변화의 미묘함이 맥상에 드러나므로 맥상을 살피지 않을 수가 없습니다. 맥상을 살피는 데는 규율과 법도가 있는데 음양에서부터 시작해야 하고, 시작에는 늘 변하지 않는 기준이 있는데 오행에서 시작해야 하며, 생명을 영위하는 데도 법도가 있는데 사계절에 적합해야 합니다. 더하고 더는 것을 잃지 말고 천지와 하나임을 알면 죽고 사는 것을 알 수 있습니다. 이 때문에 오성五聲은 오음五音과 부합하고, 오색五色은 오행五行과 부합하며,[36] 맥상은 음양과 부합하는 것입니다.

음기가 성하면 큰물을 만나 두려워하는 꿈을 꾸고, 양기가 성하면 큰불을 만나 불에 데고 지져지는 꿈을 꾸며, 음과 양이 모두 성하면 서로 싸워 모두 패하는 꿈을 꾸고, 상초가 성하면 날아다니는 꿈을 꾸고, 하초가 성하면 높은 곳에서 떨어지는 꿈을 꾸며, 포식하면 남에게 먹을 것을 주는 꿈을 꾸며, 굶주리면 음식을 얻는 꿈을 꾸고, 간기가 성하면 화를 내는 꿈을 꾸고, 폐기가 성하면 슬프게 우는 꿈을 꾸고, 배 속에 요충이 많으면 여러 사람을 끌어모으는 꿈을 꾸며, 회충이 많으면 서로 치고받아 부상 당하는 꿈을 꾼다는 것을 알게 됩니다.

이 때문에 진맥하는 데는 원칙이 있는데 반드시 마음을 비우고 조용한 자세를 갖는 것이 바른 태도입니다. 봄날에는 맥이 뜨는데 마치 물고기가 파도를 타고 헤엄치며 노는 것과 같고, 여름에는 맥이 피부에 있어 큰 파도가 넘실거리듯 만물이 무성하여 기운이 남아도는 것 같으며, 가을에는 맥이 피부 아래에 있어 벌레들이 겨울잠을 자러 땅속으로 들어가려는 것과 같고, 겨울에는 맥이 뼛속에 있어 겨울잠 자는 벌레들이 문을 닫아건 것과 같고 군자가 방에 깊숙이 거처하는 것과 같습니다. 그러므로 안을 알려면 손으로 내장의 각 부위에 해당하는 곳을 눌러보아야 하며, 밖을 알려면 맥을 깊이 눌러보기도 하고 얕게 눌러보기도 해야 합니다. 이 봄·여름·가을·겨울·안·밖의 여섯 가지는 진맥하는 데 있어 가장 중요한 기본입니다."

〈소문〉 평인기상론平人氣象論

황제가 물었다. "건강한 사람의 맥상은 어떻습니까?" 기백이 답했다. "사람이 숨을 한 번 내쉴 때 맥이 두 번 뛰고, 숨을 한 번 들이마실 때 맥이 두 번 뛰며, 호흡하고 나서 멈춘 사이에 다섯 번 뛰고, 호흡을 정지했을 때 남은 것을 다하지 못해 한 번 더 뛰는데 이러하면 건강한 사람(平人)입니다. 병들지 않은 사람의 호흡을 기준으로 병든 사람의 호흡수와 맥박수를 정합니다. 의사는 병들지 않았으므로, 병자를 위하여 자신의 호흡을 기준으로 환자의 호흡과 맥박을 정하는 방법을 씁니다."

"촌구맥이 지나치게 과도한가, 일정한데 미치지 못하는가를 보고 병을 식별하고자 할 때, 촌구맥이 손에 감지되는 것이 짧으면 두통이 있는 것이고, 촌구맥이 손에 감지되는 것이 길면 다리와 정강이에 통증이 있는 것이며, 촌구맥이 손에 감지되는 것이 촉급하면서 위로 세게 부딪쳐오는 것은 어깨와 등에 통증이 있는 것이고, 촌구맥이 가라앉으면서 굳은 것은 병이 속에 있는 것이며, 촌구맥이 뜨면서 성대한 것은 병이 밖에 있는 것입니다. 촌구맥이 가라앉으면서 약한 것은 한열왕래寒熱往來, 산하(疝瘕: 배가 아프고 오줌에 흰 점액질이 섞여 나오는 병증), 아랫배의 통증이 있는 것이고, 촌구맥이 가라앉으면서 실하고 힘 있게 나타나는 것은 옆구리 아래에 적체積滯가 있고 배 속에 통증이 있는 것입니다. 촌구맥이 가라앉으면서 숨이 가쁜 것은 한열이 왕래하는 것입니다. 맥이 왕성하고 미끄러지는 듯하면서 굳은 것은 병이 밖에 있는 것이며, 맥이 약간 실하면서 굳은 것은 병이 속에 있는 것입니다. 맥이 약간 약하면서 깔깔한 것은 병이 오래된 것이고,

맥이 뜨고 미끄러지는 듯하면서 빠른 것은 새로 생긴 병입니다. 맥이 긴장되고 급한 것은 산하에 의한 아랫배 통증이 있는 것입니다. 맥이 미끄러지는 듯한 것은 풍병이고, 맥이 깔깔한 것은 비증痺症입니다. 맥이 느슨하면서 미끄러지는 듯한 것은 열중(熱中: 위에 열이 많음)이라 하고, 맥이 왕성하면서 긴장된 것은 배가 부풀어 오른 것입니다.”

“맥이 병의 음양을 따라 나타나면 병이 쉽게 낫고, 맥이 음양과 상반되게 나타나면 병이 낫기 어렵습니다. 맥이 사시四時에 순응하면 별다른 위험이 없다고 하고, 맥이 사시에 어긋나고 병이 발병이 시작된 장기를 극克하는 장기로 전변되면 낫기 어렵습니다.”

“사람은 음식물을 근본으로 삼습니다. 그러므로 사람이 음식물을 끊으면 죽고, 맥도 위기胃氣가 없으면 역시 죽습니다. 이른바 위기가 없다는 것은 진장맥(眞臟脈: 오장의 진기가 나타난 맥)이 나타날 뿐 위장의 기운을 얻지 못한 것입니다. 간의 맥이 활시위의 탄력 같은 느낌을 주지 않거나 신장의 맥이 견고하지 못한 것을 말합니다.

태양맥太陽脈은 맥이 큰물이 콸콸 흐르듯 크면서 길며, 소양맥少陽脈은 잠시 빨랐다 잠시 느렸다 하고, 잠시 짧았다 잠시 길었다 하며, 양명맥陽明脈은 맥이 뜨고 크면서 짧습니다.

건강한 심장의 맥은 구슬을 길게 이어놓은 것 같고 옥돌을 어루만지는 것 같습니다. 이것을 심장의 평맥平脈이라 하고,

심장의 맥이 나타나는 여름은 위기를 근본으로 합니다. 병든 심장의 맥은 뛰는 것이 촉급하고 연속적이며 그 가운데가 약간 구부러집니다. 고사枯死 직전의 심장의 맥은 촌구 쪽은 구부러져 있고 관·척은 뻣뻣하여 마치 혁대의 고리를 만지는 것과 같습니다.

건강한 폐의 맥은 뛰는 것이 느릅나무에서 가지가 조용히 떨어지는 것처럼 부드러운 느낌입니다. 폐의 맥이 나타나는 가을은 위기를 근본으로 합니다. 병든 폐의 맥은 위로 오르지도 아래로 내려가지도 않는 것이 마치 닭의 깃과 같이 부드러우나 가운데는 딱딱합니다. 고사 직전의 폐의 맥은 뛰는 것이 물 위에 가벼운 물체가 떠 있는 것과 같으며 바람에 털이 나부끼는 것과 같습니다.

건강한 간의 맥은 연약하면서 흔들리는 듯한 것이 마치 대나무 장대를 높이 들어 올렸을 때 장대 끝이 휘청거리는 것과 같이 부드럽습니다. 간의 맥이 나타나는 봄은 위기를 근본으로 합니다. 병든 간의 맥은 뛸 때 너무 팽팽하고 미끄러워 마치 대나무 장대의 몸통을 만지는 것과 같습니다. 고사 직전의 간의 맥은 촉급하면서 더욱 굳센 것이 마치 새로 당겨 늘인 활시위와 같습니다.

건강한 비장의 맥은 닭이 걷는 것처럼 사뿐하고 가벼우며 부드럽습니다. 비장의 맥이 나타나는 무더운 여름도 위기를 근본으로 합니다. 병든 비장의 맥은 뛸 때 속이 충만하고 실하며 빠른 것이 마치 닭이 다리를 들어 올리는 것과 같습니다. 고사 직전의 비장의 맥은 새의 부리처럼 뾰족하고 굳으며, 새의 며느리발톱과 같고, 집에 물이 새는 것처럼 불규칙하며, 물처럼 흘러간 뒤 돌아오지 않습니다.

건강한 신장의 맥은 활기가 있고 원활하며 서로 연관되어 있고, 눌러보아도 견실합니다. 신장의 맥이 나타나는 겨울도 위기를 근본으로 합니다. 병든 신장의 맥은 칡넝쿨을 당기는 것과 같고, 누를수록 더욱 견실해집니다. 고사 직전의 신장의 맥은 굵은 동아줄을 훑는 것처럼 굵고 가는 것이 급하게 이동하는 느낌이며, 또한 돌이 벽에 닿아 튀어나오는 것처럼 단단한 느낌입니다."

〈소문〉 옥기진장론玉機眞臟論

황제가 말했다. "병을 치료할 때는 형체, 기운, 안색, 맥의 성쇠, 새로운 병인지 오래된 병인지 등을 살펴야 치료할 수 있으며, 그 시기를 늦추어서는 안 됩니다. 형체와 기운이 서로 조화되면 그 병은 낫기 쉽습니다. 안색이 윤택하고 선명하면 치료하기 쉽다고 하고, 맥이 사계절을 따르면 치료할 수 있다고 하며, 맥이 약하면서 미끄러지는 듯하면 위기가 있는 것이므로 쉽게 치료할 수 있다고 하는데, 때에 따라 알맞은 치료법을 적용해야 합니다. 형체와 기운이 조화되지 않으면 치료하기 어렵다고 합니다. 안색이 선명하지 못하고 윤택하지 못하면 회복하기 어렵다고 하며, 맥이 충실하면서 견고하면 병이 더 심해진다고 합니다. 맥이 사계절을 거스르면 치료할 수 없게 됩니다. 반드시 이 네 가지 어려움을 살펴서, 이를 분명하게 알려주어야 합니다."

　황제가 물었다. "나는 허와 실에 의해 삶과 죽음이 결정된다고 들었습니다. 그 점에 대해 듣고 싶습니다." 기백이 답했다. "다섯 가지 실함도 죽음에 이르고, 다섯 가지 허함도 죽음에 이릅니다." 황제가 물었다. "다섯 가지 실함과 다섯 가지 허함에 대해 듣고 싶습니다." 기백이 답했다. "맥이 성대하고, 피부에 열이 나며, 배가 부어오르고, 대소변이 통하지 않으며, 가슴이 답답하면서 눈에 불꽃이 튀는 것〔민무悶瞀〕을 다섯 가지 실함이라 합니다. 맥이 미세하고, 피부가 차며, 원기가 허약하고, 대소변이 새어 나가며, 음식을 먹지 못하는 것을 다섯 가지 허함이라고 합니다." 황제가 물었다. "다섯 가지 실함을 보이거나 다섯 가지 허함을 보이더라도 이따금 살아나는 경우가 있는 것은 어떤 연유입니까?" 기백이 답했다. "다섯 가지 허함에 속하는 사람이 국이나 죽이 위장에 들어가 설사가 멎으면 회복되어 살 수 있고, 다섯 가지 실함에 속하는 사람이 땀이 나고 대소변을 보면 살아날 수 있습니다. 이것은 죽지 않고 살 수 있는 징후들입니다."

〈영추〉 오색五色

뇌공이 황제에게 물었다. "오색은 명당明堂에만 해당합니까? 저는 아직도 잘 모르겠습니다." 황제가 답했다. "명당은 코고, 궐闕은 미간이며, 정庭은 이마고, 번蕃은 뺨의 바깥쪽이고, 폐蔽는 귓구멍의 바깥쪽으로 열려 있는 부분입니다. 이들 사이가 단정하고 시원스럽게 넓어야 열 걸음 떨어진 곳에서도 잘 보이는데, 이런 외모를 가진 사람은 반드시 백 살까지 살 수 있습니다." 뇌공이 물었다. "오관五官은 어떻게 변별합니까?" 황제가 답했다. "콧대는 높이 솟고 곧아야 합니다. 오장은 코의 중앙에서 순서대로 배열되어 있고, 육부는 오장을 양쪽에 끼고 있습니다. 궐과 정은 이마와 미간 부위에 있고, 심장은 두 눈 사이에 있습니다. 오장의 흉중이 편안하게 자리 잡고 있으면 상응하는 부위에 제대로 된 색이 나타나고 병색은 보이지 않으며, 명당 역시 윤택하고 맑을 것입니다. 그러니 오관의 병색을 어찌 변별할 수 없겠습니까?" 뇌공이 물었다. "변별하지 못하는 것에 대해 듣고 싶습니다." 황제가 말했다. "오장의 병색이 나타날 때는 각기 상응하는 부위에 나타납니다. 상응하는 부위의 병색으로 보아 얼굴 각 부위에 속해 있는 오장이 단정하지 못한 경우에는 반드시 병이 있습니다. 그러나 그 부위의 색이 오장과 정확히 대응하지 않는 경우에는 비록 병이 위중할지라도 죽지는 않습니다." 뇌공이 물었다. "오색을 주관하는 징후는 어떤 것들입니까?" 황제가 말했다. "푸른색과 검은색은 통증을 나타내고, 노란색과 붉은색은 열증을 나타내며, 흰색은 한증을 나타냅니다."

뇌공이 물었다. "사람이 아무런 병도 없는데 갑자기 죽게 되는 것을 어떻게 알아낼 수 있습니까?" 황제가 말했다. "매우 지독한 사기가 장부에 침입하면 병이 없더라도 갑자기 죽습니다." 뇌공이 물었다. "병세가 약간 호전되다가 갑자기 죽게 되는 것은 어떻게 알아낼 수 있습니까?" 황제가 말했다. "양 뺨에 엄지손가락만 한 크기의 붉은색이 나타나면 병이 약간 호전되었다 하더라도 반드시 죽습니다." 뇌공이 다시 절하고 물었다. "잘 알겠습니다. 죽는 데도 시기가 있습니까?" 황제가 말했다. "병자의 기색을 살피면 알 수 있습니다."

황제가 말했다. "이마는 머리와 얼굴의 병이 나타나는 곳이고, 미간 위쪽은 인후의 병이 나타나는 곳이며, 미간은 폐의 병이 나타나는 곳이고, 두 눈 사이는 심장의 병이 나타나는 곳이며, 명당은 간의 병이 나타나는 곳이고, 명당의 왼쪽은 담의 병이 나타나는 곳이며, 코끝은 비장의 병이 나타나는 곳이고, 코끝 양쪽의 약간 위쪽은 위장의 병이 나타나는 곳이며, 광대뼈 아래는 대장의 병이 나타나는 곳이고, 양 뺨은 신장의 병이 나타나는 곳이며, 신장이 속한 뺨의 아래쪽은 배꼽 부위의 병이 나타나는 곳이고, 콧마루 위쪽의 양쪽은 소장의 병이 나타나는 곳이며, 콧마루의 아래쪽(인중혈)

은 방광과 자궁의 병이 나타나는 곳입니다. 광대뼈 부위는 어깨의 병이 나타나는 곳이고, 광대뼈 뒤쪽은 팔의 병이 나타나는 곳이며, 광대뼈 뒤쪽 아래는 손의 병이 나타나는 곳이고, 눈 안쪽 모서리 위쪽은 가슴 부위와 유방의 병이 나타나는 곳이며, 뺨의 바깥쪽 윗부분은 등 부위의 병이 나타나는 곳이고, 잇몸을 따라 협거혈頰車穴 아래쪽 부위는 넓적다리의 병이 나타나는 곳이며, 양쪽 잇몸의 가운데는 무릎의 병이 나타나는 곳이고, 양쪽 잇몸 가운데의 아래는 정강이의 병이 나타나는 곳이며, 그 아래쪽은 발의 병이 나타나는 곳이고, 입가의 주름진 부위는 넓적다리 안쪽의 병이 나타나는 곳이며, 뺨 아래쪽 뼈 부위는 종지뼈의 병이 나타나는 곳입니다. 이렇듯 오장육부와 사지관절은 얼굴에 반영되는데 모두 그 상응하는 부위가 있습니다."

"음으로 양을 조화시키고 양으로 음을 조화시키며, 각 부위에 나타나는 병색을 명확히 파악하면 백이면 백 모두 치료할 수 있습니다. 양은 왼쪽이고 음은 오른쪽임을 알 수 있는 것을 대도大道라 합니다. 남자와 여자는 일률적이지 않고 위상이 다르므로 음양으로 파악할 줄 알고 얼굴색의 윤택함과 어두움을 살필 줄 아는 이를 훌륭한 의사라고 합니다."

〈소문〉 소오과론疏五過論

황제가 말했다. "아아, 참으로 원대하다! 의도의 다함없는 깊이는 마치 끝 모를 연못을 들여다보는 것과 같고 정처 없이 떠다니는 흰 구름을 보는 것과 같습니다. 연못은 깊다고 해도 그 깊이를 헤아릴 수 있지만 정처 없이 떠다니는 구름은 그 정도를 알지 못합니다. 성인聖人의 의술은 사람들의 본보기가 되었고, 그 의론은 뜻을 헤아려보면 반드시 일정한 법칙이 있었습니다. 경전을 따르고 의술을 지키면서 질병을 치료함으로써 백성을 도울 수 있었던 것입니다. 그러므로 의학에는 범하기 쉬운 다섯 가지 과실과 의사가 갖추어야 할 네 가지 덕행이 있는데 이것을 알고 있습니까?" 뇌공이 자리에서 일어나 두 번 절하고 나서 이렇게 말했다. "신이 나이가 어리고 어리석고 몽매하여 그에 대해 듣지 못했습니다."

황제가 말했다. "병을 진찰할 때는 반드시 환자의 신분이 어떻게 변화했는가를 물어야 합니다. 귀한 신분에서 비천한 신세가 된 사람이라면 외사가 침입하지 않아도 내부에서 질병이 생길 수 있습니다. 예전에 부유했다가 가난해졌을 때 그 처지를 한탄해서 얻는 병이 있습니다. 이들은 모두 오장의 기가 운행하지 못하고 울체되어 병이 된 것입니다. 의사가 이러한 질병을 진찰할 때는 병이 장부에 있지 않고 형체에도 뚜렷한 변화가 없기 때문에, 의혹이 들지만 병명을 알지 못합니다. 환자는 신체가 나날이 여위고 기가 허하며 정이 소모됩니다. 병세는 심해지고 기운이 없으며 양기는 날로 쇠약해지므로 오한으로 떨고 잘 놀라는 증상이 나타납니다.

시간이 갈수록 병이 심해지는 것은 밖으로 위기衛氣가 손상되고, 안으로는 영혈榮血이 소모되는 까닭입니다. 의술이 뛰어난 의사라도 이러한 정황을 소홀히 하면 병의 실정을 알지 못하게 됩니다. 이것이 치료에 있어서 첫 번째 과실입니다.

병을 진찰할 때는 반드시 환자의 음식과 주거 환경에 대해 물어야 합니다. 갑자기 즐거워하거나 갑자기 슬퍼하거나 처음에는 즐거워하고 후에는 괴로워하는 것은 모두 정기를 상하게 하는데, 정기가 고갈되면 형체가 손상되어 파괴됩니다. 갑자기 화를 내어 음기를 손상시키거나, 갑자기 기뻐하여 양기를 손상시키면 궐기厥氣가 상행하여 경맥에 가득 차고 신기가 형체를 떠나게 됩니다. 어리석은 의사는 이것을 치료할 때 보사補瀉[37]를 모를뿐더러 병의 실정도 알지 못해 바른 치료를 행하지 못합니다. 그 결과 환자의 정기는 나날이 새어나가고 사기가 더욱 왕성해집니다. 이것이 치료에 있어서 두 번째 과실입니다.

진맥을 잘하는 의사라면 반드시 평이한 병과 특이한 병을 비교하고 헤아려 병의 실정을 알아야 합니다. 만약 의사가 갈 길을 모르면 별 볼 일 없는 진찰이 됩니다. 이것이 치료에 있어서 세 번째 과실입니다.

진찰할 때는 다음 세 가지에 대해 변함없는 태도를 가져야 합니다. 귀천, 높은 지위에서의 몰락, 명예욕에 대해 반드시 물어보아야 합니다. 왜냐하면 귀한 사람이 권세를 잃게 되면 외사가 침입하지 않아도 정신이 손상되어서 몸도 망가지기 때문입니다. 부자가 가난해지면 외사外邪 없이도 외모가 거칠어지고 힘줄이 오그라들며 발을 절게 되는 병이 생깁니다. 만일 의사가 엄격하지 못해 환자의 마음을 움직이지 못하고, 유약한 태도로 인해 환자와의 관계를 장악하지 못하면 변함 없어야 하는 태도가 무너져 결국 병을 치료하지 못하게 됩니다. 이것이 치료에서의 네 번째 과실입니다.

진찰할 때는 반드시 발병의 시초 및 경과 상황을 알아야 하고, 근본을 살펴 그 말단을 알아야 하며, 진맥을 할 때 남녀를 구별해서 그 적합한 것을 살펴야 합니다. 삶을 살다가 겪게 되는 이별의 고통, 떠나간 것에 대한 그리움, 풀지 못할 억울함, 풀 길 없는 깊은 정이나 근심·공포·기쁨·노여움 등은 모두 오장을 공허하게 하고 기혈을 흩어지게 하는데, 사람의 생명을 다루는 의사가 이것을 모르고서 어떻게 의술을 말할 수 있겠습니까? 지난날 부귀했던 사람이 파산하여 몸이 크게 손상되면 몸이 움직인다 해도 진액을 스스로 만들어내지 못합니다. 따라서 한번 상한 몸은 혈기는 머물러 흩어지지 않으며, 답답하고 열이 나 피고름이 쌓여서 오한과 열기가 오가게 됩니다. 근본을 모르는 조잡한 의술로 침을 들어 경맥을 난자한다면 병자의 몸은 날로 여위며 사지에 쥐가 난 채로 죽을 날만 기다릴 뿐입니다. 의사가 이것을 상세하게 밝히지 못하고 발병의 원인도 묻지 않은 채, 단지 병이 이미 위중하다고만 말한다면 이 또한 조잡한 의사입니다. 이것이 다섯 번째 과실입니다. 위의 다섯 가지는 모두 배워온 의술이 정통하지 못하고 사람의 일에도 밝지 못해서 생깁니다."

8. 치료 원칙과 치료 방법

〈소문〉 지진요대론至眞要大論

"한병寒病은 열약熱藥으로 치료하고, 열병熱病은 한약寒藥으로 치료하며, 병이 경미하면 역치逆治법을 쓰고, 병이 심하면 종치從治법을 씁니다.[38] 몸속에 굳은 덩어리가 생기면 도려내고, 병사가 침입했으면 몰아내고, 과로나 소모가 심하면 이를 온보(溫補 : 몸을 따뜻하게 해서 진기를 보호함)하고, 몸속에 사기가 맺혀 있으면 흩어줍니다. 병사가 몸속에 머물러 있으면 비워주고, 마른 증상이 있으면 이를 부드럽게 적셔주고, 경련이나 병이 매우 급하게 변할 때는 이를 완화해주고, 정기가 흩어지면 모아줍니다. 허약하게 되었으면 온보해주고, 운행이 정체되었으면 유통시키며, 잘 놀라고 불안해하거나 동요하면 진정시키고, 기가 거꾸로 솟아오르면 아래로 내려줍니다. 안마를 해주고 목욕을 시키며, 서서히 치료하거나 빠르고 맹렬한 약을 쓰며, 몸과 외부를 소통시키거나 사기를 흩어주는

데, 모두 증상에 적합한 치료법을 선택해야 합니다."

황제가 말했다. "역逆과 종從은 무엇입니까?" 기백이 답했다. "역은 정치正治를 가리키고, 종은 반치反治를 가리킵니다. 종치에 쓰는 약을 많이 쓸 것인가 적게 쓸 것인가 하는 것은 질병의 상황을 따릅니다." 황제가 물었다. "반치는 무엇을 말합니까?" 기백이 답했다. "열증인 데 열약을 쓰고, 한증인 데 한약을 쓰며, 막혀서 통하지 않는데도 보법을 쓰고, 통리(通利: 대소변을 나오게 함)하는 병증에 통리하는 약을 쓰는 것입니다. 반드시 그 주된 증상을 억누르고 먼저 질병의 원인을 먼저 찾아내야 합니다. 처음에는 병증과 같은 약을 쓰지만 치료가 진전되면 열은 한으로 한은 열로 바뀌어 병증이 다스려집니다. 적체를 제거하고, 단단한 것을 헐어버리며, 정기를 회복시키면 질병은 치유될 수 있습니다." 황제가 물었다. "잘 알았습니다. 기를 조화롭게 만드는 방법은 무엇입니까?" 기백이 답했다. "역치하고, 종치하며, 역치하면서 종치를 아울러 쓰고, 종치하면서 역치를 아울러 써서, 기를 소통시켜 조화를 이루게 하는 것이 원칙입니다."

〈소문〉 이법방의론異法方宜論

황제가 물었다. "의사가 병을 치료할 때, 같은 질병을 다르게 치료하는데도 모두 낫는 이유는 무엇입니까?" 기백이 답했다. "땅의 형세가 그렇게 만든 것입니다. 동방은 천지의 기가 처음 생겨난 곳이고, 생선과 소금이 생산되는 땅이며, 해변 지역으로 물을 접하고 있습니다. 그곳에 사는 사람들은 생선을 먹고 소금을 좋아하며, 모두 그 사는 장소를 좋아하고 음식도 입에 맞습니다. 생선은 사람의 몸 안에 열이 몰리게 하고, 소금은 갈증을 일으킵니다. 그러므로 사람들은 모두 피부색이 검고, 주리가 성글며, 병이 들면 모두 옹양癰瘍이 되기 때문에 폄석(砭石: 돌침. 뾰족한 돌로 옹양을 찔러 고름을 짜내게 된다)으로 치료하는 것이 적합합니다. 이 때문에 폄석은 동방에서 전래된 것입니다."

"서방은 금과 옥이 풍부한 지역이고, 모래와 돌이 많은 곳이며, 한 해를 순환하는 계절의 기운이 동방과 남방을 지나 내려가기 시작하는 지점입니다.[39]

이곳 사람들은 구릉 지대에 사는데 바람이 많고 물과 흙이 거칩니다. 사람들은 옷을 입지 않고, 모포를 걸치고 짚자리를 깔고 지내며, 좋은 음식을 먹어 살집에 기름기가 흐릅니다. 그러므로 사기가 몸을 상하지 못합니다. 그래서 병이 몸속에서 생기기 때문에, 치료로는 약이 적합합니다. 이 때문에 약은 서방에서 전래된 것입니다."

"북방은 천지의 기가 닫히고 감춰진 지역이고, 지대는 높고 구릉지며, 바람이 불고 차며 얼음이 꽁꽁 업니다. 이곳 사람들은 들에서 살고 우유로 된 음식을 먹습니다. 그래서 장이 차가워져서 붓는 병이 생기며 치료로는 쑥뜸이 적합합니다. 이 때문에 쑥뜸은 북방에서 전래된 것입니다."

"남방은 천지의 기가 충족하여 만물이 자라나고 양기가 성한 곳이며, 지세가 낮고 물과 땅이 약하며, 안개가 많이 끼고 이슬이 많이 내립니다. 이곳 사람들은 신 것을 좋아하고 발효된 식품을 먹습니다. 그래서 주리가 치밀하고 붉으며, 힘줄이 상해 경련이 일어나고 마비되는 병을 앓기 때문에 치료로는 미침微鍼이 쓰입니다. 이 때문에 구침은 남방에서 전래된 것입니다."

"중앙은 지세가 평평하고 습하며, 천지의 기가 만물을 무성하게 소생시키는 곳입니다. 이곳 사람들은 잡식을 하고, 힘들여 일하지 않습니다. 그래서 사지가 무력하고 한열이 많으므로 치료로는 도인導引이나 안마가 적합합니다. 이 때문에 도인과 안마는 중앙에서 전래된 것입니다.

그러므로 성인은 여러 가지 치료법을 종합하여 치료하되, 각각 적절한 치료법을 택해야 합니다. 그러므로 치료법이 다른데도 병이 모두 낫는 것은 병을 잘 파악하고 치료의 요점을 제대로 알았기 때문입니다."

〈소문〉 표본병전론標本病傳論

황제가 물었다. "병에는 표(標: 가지)와 본(本: 뿌리)이 있고, 자침에는 역逆과 종從이 있다는데 어떤 것입니까?" 기백이 답했다. "침을 놓는 방법은 반드시 음양을 분별하고, 먼저 생긴 병과 이어서 생긴 병을 상응케 하며, 역치법을 쓰든 종치법을 쓰든 그 치법이 합당하도록 표와 본의 구체적인 상황에 따라 알맞게 바꾸는 것입니다. 그러므로 '병이 표에 있으므로 이를 표에서 구하고, 병이 본에 있으므로 이를 본에서 구하는 경우가 있는가 하면, 병은 본에 있으나 이를 표에서 구하고, 병은 표에 있으나 이를 본에서 구하는 경우가 있다'고 했습니다. 그러므로 표를 취하는 것이 합당하기도 하고, 본을 취하는 것이 합당하기도 하며, 역치법을 쓰는 것이 합당하기도 하고, 종치법을 쓰는 것이 합당하기도 한 경우가 있는 것입니다. 따라서 역치법과 종치법을 알면 다른 사람에게 물을 필요가 없는 바른 방법이고, 표와 본을 아는 사람은 어떤 치료에도 합당합니다. 표와 본을 모르면서 치료하는 것을 망행妄行이라고 합니다."

"음양, 역종, 표본은 기본적인 이치로서 이를 통해 작은 것에서 큰 것을 알 수 있고, 하나를 말하는 것으로 백 가지 병의 해를 알 수 있으며, 적은 것에서 많은 것을 알 수 있고, 좁고 얕은 것에서 넓고 깊은 것을 알 수 있습니다. 얕은 것에서 깊은 것을 알 수 있으니, 가까운 것을 살펴서 먼 것을 알 수 있습니다. 표와 본은 그 이치를 말하기는 쉬우나 구체적으로 운용하기는 결코 쉽지 않습니다.

그 병에 상반되게 치료하는 것을 역이라 하고, 그 병에 순응하여 치료하는 것을 종이라 합니다. 먼저 얻은 병이 본이고 나중에 얻은 병이 표면 먼저 그 본을 치료해야 하고, 먼저 얻은 병이 표고 나중에 얻은 병이 본이면 먼저 그 본을 치료해야 하며, 먼저 한사를 감수한 후에 다른 병을 앓게 된 경우에는 한증이 본이므로 그 본을 먼저 치료해야 하고, 먼저 다른 병에 걸렸는데 후에 한사를 감수한 경우에는 먼저 얻은 병이 본이므로 그 본을 먼저 치료해야 합니다. 먼저 열사를 감수한 후에 다른 병을 앓게 된 경우에는 열증이 본이므로 그 본을 먼저 치료해야 하고, 먼저 열사를 감수했는데도 중초가 부풀어 오른 병증이 생긴 경우에는 표증이라도 위중하므로 이 표증을 먼저 치료해야 합니다. 먼저 다른 병에 걸렸는데 후에 설사가 나타난 경우에는 먼저 얻은 병이 본이므로 그 본을 먼저 치료해야 하고, 먼저 설사를 했는데 후에 다른 병을 앓게 된 경우에는 설사가 본증이므로 먼저 설사를 치료하여, 반드시 먼저 설사가 조리된 후에 다른 병을 치료해야 합니다. 먼저 다른 병에 걸렸는데 후에 중초가 부풀어 오른 병증이 나타난 경우에는 그것이 표증이라도 위중하므로 먼저 치료해야 하고, 먼저 중초가 부풀어 오른 증상이 나타난 후에 가슴이 답답한 증상이 나타난 경우에는 중초가 부풀어 오른 것이 본증이므로 먼저 치료해야 합니다. 병에는 새로 걸린 병이 있고 원래 걸려 있는 병도 있는데, 대소변이 잘 통하지 않는 경우에는 그 표를 치료하고, 대소변이 순조로운 경우에는 본을 치료합니다. 병이 발생했을 때 사기가 가득한 실증인 경우에는 먼저 본을 치료한 후에 표를 치료하고(本而標之), 병이 발생했을 때 정기가 부족한 경우에는 먼저 표를 치료한 후에 그 본을 치료해야 합니다(標而本之). 가볍고 위중한 병을 신중하게 살펴서 성의껏 조리해야 하는데, 병의 상태가 가벼운 경우에는 표와 본을 함께 치료하고, 위중한 경우에는 상태에 따라 표를 먼저 치료한 후에 본을 치료하거나 혹은 본을 먼저 치료한 후에 표를 치료해야 합니다. 먼저 대소변이 잘 통하지 않는 병증이 나타났는데 후에 다른 병을 앓게 된 경우에는 먼저 대소변을 통하게 해주어야 합니다. 이것이 본이기 때문입니다."

〈소문〉 음양응상대론40

"그러므로 병의 시초에는 침을 놓아도 되지만, 사기가 왕성하면 사기의 세력이 조금 쇠퇴하기를 기다려 침을 놓습니다. 그러므로 병의 초기에 병사가 가볍고 몸의 밖에 떠 있을 때에는 이를 발산시키고, 병사가 심하고 안에 있을 때에는 경감시키며, 사기가 제거되고 정기가 쇠약하면 보익하고, 양기가 부족하여 몸이 쇠약하면 기로써 이를 따뜻하게 해주며, 음정이 부족하면 약물로 이를 보익해야 합니다. 사기가 상초에 있으면 토하게 하고, 사기가 하초에 있으면 대소변으로 내보내게 하며, 배가 부풀어 있으면 배를 꺼지게 합니다. 사기가 있으면 끓는 물에 적셔 땀을 내게 하고, 사기가 피부에 있으면 땀을 내서 사기를 발산케 하며, 병세가 급박하면 사기를 억제하여 누그러뜨리고, 겉이 실한 경우에는 사기를 발산시키고 속이 실한 경우에는 내보냅니다. 병의 음양을 세밀히 살펴서 형체, 맥, 전체적인 상황의 부드러움과 강함을 구별하며, 양병인 경우에는 음을 치료하고 음병인 경우에는 양을 치료함으로써 기와 혈이 안정되어 각각 자기 위치를 지키게 합니다. 어혈이 생기면 그것을 풀어주는 치료법을 쓰고, 기가 허한 경우에는 기를 보익하고 양을 올려야 합니다."

9. 방제의 원칙

〈소문〉지진요대론41

"병을 주관하는 약을 군주(君)라 하고, 군주를 보좌하는 약을 신하(臣)라 하며, 신하의 부름에 호응하는 약을 벼슬아치(使)라 합니다."

〈소문〉오상정대론五常政大論

"병에는 오래된 병, 새로 얻은 병이 있고, 처방에는 큰 처방, 작은 처방이 있으며, 약에는 약성이 강한 것이 있고 약성이 평온한 것이 있는데, 알맞은 법에 따라야 합니다. 약성이 매우 강한 약42으로 병을 치료할 때는 치료가 6할 정도에 이르면 복용을 중지시키고, 약성이 강한 약으로 병을 치료할 때는 치료가 7할 정도에 이르면 복용을 중지시키고, 독성을 정제한 약으로 병을 치료할 때는 치료가 8할 정도에 이르면 복용을 중지시키고, 평이한 약으로 병을 치료할 때는 치료가 9할 정도에 이르면 복용을 중지시킵니다.[43] 이렇게 약을 다 복용한 후에는 곡식, 육류, 과일, 채소 중에서 오장에 맞는 것을 먹어 병을 말끔하게 가시도록 해야 하며, 지나쳐서 정기를 상하지 않게 해야 합니다. 병사가 아직 채 가시지 않았더라도 여전히 이 법에 따라 치료해야 합니다."

10. 운기학

〈소문〉 오운행대론五運行大論

황제가 명당明堂에 앉아서 하늘의 기강을 바로 하기 시작했다. 온 세상을 관찰하여 오행의 운행 질서를 수립하면서 천사天師에게 물었다. "천지의 움직임과 고요함은 신명神明의 기율을 따르고, 음양의 오르고 내림의 징조를 계절의 한서가 드러냅니다. 나는 선생님께 오운五運이 운행하는 수리적 절차에 대해 들었습니다. 선생님은 바로 오운의 기가 각 해〔歲〕를 주관하며, 갑甲을 머리로 하고 운을 정하는 것이라 하셨습니다. 귀유구鬼臾區[44]가 말하기를 '토운土運은 천간의 갑甲과 기己를 주관하고, 금운金運은 을乙과 경庚을 주관하며, 수운水運은 병丙과 신辛을 주관하고, 목운木運은 정丁과 임壬을 주관하며, 화운火運은 무戊와 계癸를 주관한다. 지지地支에서, 자오子午의 해에 위[上]는 소음少陰이 주관하고, 축미丑未의 해에 위는 태음太陰이 주관하며, 인신寅申의 해에 위는 소양少陽이 주관하고, 묘유卯酉의 해에 위는 양명陽明이 주관하며, 진술辰戌의 해에 위는 태양太陽이 주관하고, 사해巳亥의 해에 위는 궐음厥陰이 주관한다'고 했는데, 음양과 부합하지 않는 듯합니다.[45] 그 까닭은 무엇입니까?" 기백이 말했다. "그것은 천지의 음양의 도가 그러하기 때문입니다. 사람의 음양은 수리적으로 알 수 있습니다. 천지와 부합되는 것은 수로써 얻을 수 있다는 뜻입니다. 음양은 수리적으로 계산할 수 있는데, 열[十]을 세면 미루어서 백이나 천, 만이라도 계산할 수 있습니다. 하지만 천지의 음양은 수로 헤아린 것이 아니라 하늘에 놓인 별들의 모습[象]으로 말한 것입니다."

황제가 물었다. "그것의 시작을 듣고 싶습니다." 기백이 답했다. "대단한 질문입니다! 신이 《태시천원책太始天元冊》의 글을 보니,[46] 단천丹天의 기는 28수 별자리[47] 가운데 우牛와 여女의 무戊 분야를 경과하고, 금천黅天[48]의 기는 별자리 심心과 미尾의 기己 분야를 경과하고, 창천蒼天의 기는 위危·실室·유柳·귀鬼를 경과하고, 소천素天의 기는 항亢·저氐·묘昴·필畢을 경과하고, 현천玄天의 기는 장張·익翼·루婁·위胃를 경과하는데, 이른바 무戊와 기己의 분야란 규奎·벽壁과 각角·진軫이니, 곧 천지의 문호입니다. 이로부터 절후가 시작되고 음양의 도가 생겨났으니 반드시 잘 알아야 합니다."[49]

해제

잃어버린 삶의 기술

1. 들어가며

　의학은 다른 어떤 지식 체계보다도 병의 상대적인 개념인 건강과 밀접한 관련을 가지고 있다. 우리는 병에 걸렸음을 자각하게 되면 우선적으로 그 병으로 인한 고통이 경감되거나 완화되기를 원하고, 최종적으로는 건강한 상태로 회복되기를 원한다. 이것은 비단 인간뿐 아니라 생명을 가진 모든 생명체의 바람일 것이다. 인간의 경우 이러한 병으로부터의 회복과 병 예방에 이르는 길을 끊임없이 탐구해왔고, 그 결과 지식을 축적해왔다. 이른바 문명의 여명기 너머 원시적인 삶에서도 인위적으로 병을 해결하고자 한 흔적이 고고학적 사실에서 확인된다.

　고대 문명이 시작되고 인간의 앎이 문자의 도움으로 축적됨에 따라 병을 다스리는 기술, 곧 치료술 또한 발전되고 전승되어왔다. 동서양을 불문하고 이러한 사실은 어김없이 확인되는데, 황하 문명을 대표로 하는 동아시아 문명에서도 치료술이 개발되었다. 그 치료술을 집대성한 문헌 가운데 대표적인 것이 바로 《황제내경》이라고 말할 수 있다.

그런데 이 문헌은 오랜 시간 동안 전승된 문헌을 한데 모아 편집한 것이면서 동시에 그 편집을 행한 시대의 정신이 일정 부분 작용하고 있는 문헌이다. 그 결과 다양한 경험, 병과 건강을 바라보는 시각과 구체적인 치료 방법들이 일관성 있게 정리되는 데 있어서 일정한 한계를 안고 있다. 인용만 되어 있을 뿐 이미 유실된, 《황제내경》을 구성하는 원자료들이 있는가 하면, 제시되고 있는 의학관의 상이함, 용어의 통일성 결여 등의 문제가 당연히 생기게 된다. 그러나 우리가 《황제내경》을 위시한 동아시아의 전통 의학을 접하면서 느끼게 되는 것은, 놀랍게도 그토록 오래전에 성립한 의학 체계가 현재에도 여전히 유효하다는 점이다. 학자들은 이런 사실을 동아시아 역사를 넘어서 인류 역사상 가장 불가사의한 일로 손꼽기까지 한다. 어떻게 수십 세기 전에 성립한 의학 체계가 마치 시간의 간격을 비웃기라도 하듯, 그 체계에 있어 일말의 수정도 없이 지금도 현재적인 것으로 버젓이 활용될 수 있는가! 《황제내경》처럼 히포크라테스의 처방이 아직도 유효한가? 갈레노스와 파라셀수스의 의학 이론이 아직도 유효한가?

우리는 일상에서도 한의학의 처방과 그 의학적 지혜가 매우 친근하게 이용되고 있음을 알 수 있다. 예를 들어 단순히 물 한 잔을 마시는 데도 더운물과 찬물을 배합할 것을 권하는 한의학적 조언은 참으로 특별한 경험을 선사한다. 이러한 수승화강(水升火降: 물은 올리고 불은 내린다)의 지혜는 다른 문명에서는 찾아볼 수 없는 독특한 관점이면서 현대인에게 매우 특별한 느낌을 준다. 즉 더운물을 먼저 붓고 그다음에 찬물을 부으면 물이 가진 생명력을 온전히 받아들일 수 있다는 것이다. 또 하나의 흔한 예를 들어보자. 손목을 삐고 발목을 접질렸을 때 쇠로 된 바늘로 피부의 특별한 지점을 자극해주면 손과 발의 고통을 덜 수 있고 시간이 지나면 본래 상태로 회복된다.

이러한 치료술은 매우 체계적인 이론의 토대에서 시행된다. 그러나 현대적인 관점으로 그 이론의 배경과 전제를 이해하기는 쉽지 않다. 현대적인 관점 자체를 근원적으로 변경하지 않고는 그것을 해명하는 데 영원히 이를 수 없다는 견해도 있다. 이 같은 놀라운 동아시아 의학의 체계가 바로《황제내경》에 담겨 있다. 그러므로 동아시아의 의학 체계를 알고 싶은 사람이라면 이 문헌을 접하지 않을 수 없다.

우리나라는 동아시아 문명권에 속하여 살아오면서 나름대로 유구한 의학적 전통을 가져왔으며 매우 독창적인 의학 체계를 구성해왔다고 할 수 있다. 가깝게는 허준許浚의《동의보감東醫寶鑑》이라든지 이제마李濟馬의《동의수세보원東醫

壽世保元》이 그러하다. 의학 체계의 본고장인 중화 지역을 넘어 이 땅에서 동아시아 의학 체계가 중흥을 이루고 그 진수를 남김없이 발현한 것으로 보인다. 이제《황제내경》만이 가진 독특한 경험과 지혜를 살펴보면서, 그것이 우리의 현재적 삶에서 어떠한 의미를 가지고 있는지 그 의의를 찾아보도록 하자.

이 해제는 내용상 두 부분으로 나누어진다. 앞부분은《황제내경》의 문헌적 배경을 설명하고, 책의 구성에 대한 이런저런 이야기를 서술한다. 두 번째 부분은《황제내경》이 과거의 문헌으로서 박물학적 지식만을 담고 있는 것이 아니라 현재 우리의 삶에서 살아 움직이며 작용하고 있음을 설명한다. 따라서《황제내경》을 읽는 이유가 단순히 과거의 지식을 일별하는 회고적이고 고풍적인 취향에 머무는 것을 부정하고 있다. 서술의 방향이 이렇기 때문에 앞부분은 좀 객관적인 태도를 보이지만 두 번째 부분은 다소 주관적이고 주장하는 어조를 띠게 될 것이다.

2.《황제내경》성립의 문헌적 배경

(1)《황제내경》이란

'황제내경'이라는 책 이름의 뜻은 무엇일까. 먼저 '황제黃

帝'는 우리가 알고 있는 대로 정치적 군주를 일컫는 '황제皇帝'가 아니다. 영역하면 'Yellow Emperor'로, 중국 사람들에게 알려져 있는 황제黃帝의 의미는 우리가 '단군 할아버지'라고 할 때의 단군에 상응한다. 우리는 우리가 모두 단군 할아버지의 자손이고 단군 할아버지는 우리 민족의 시조라고 알고 있다. 마찬가지로 황제 역시 중국 사람들에게 그런 존재다. 《사기史記》의 저자 사마천司馬遷의 말을 빌리면 황제는 복희씨伏羲氏, 신농씨神農氏와 함께 삼황三皇 가운데 하나이고, 백성들에게 불과 역법曆法 등을 최초로 창제해서 가르쳐준 신인神人이다. 삼황과 더불어 오제五帝가 있는데, 이 오제 역시 문명을 창조한 일종의 문화 영웅들이다. 후일 중국을 최초로 통일한 진秦나라의 통치자가 이 삼황오제에서 황제를 따와 지극히 존귀한 군주를 가리키는 이름으로 삼은 것은 주지의 사실이다. 그러므로 황제를 책의 이름으로 삼은 것은 황제가 지은 책임을 뜻하기 위해서가 아니라 황제의 이름을 빌려 권위를 세우기 위해서임을 어렵지 않게 추측할 수 있다.

《황제내경》의 '내內' 자의 의미에 대해서는 여러 가지 견해가 있다. 먼저 '내'라는 말에 주목하는 해석이 있는데, 여기서는 '외外'라는 어휘에 대한 상대적 의미를 연상하는 것이 중요하다. 내, 즉 안이라는 것은 외, 즉 밖에 대하여 드러나지 않은 곳이고, 그렇기 때문에 감추어져 있거나 비밀스러운 곳이다. 그래서 역대의 의가醫家들은 '내'라는 말을 생명의 도라든지 심오함을 가리키는 어떤 것으로 해석하고 있다. 그렇다면 《황제내경》이라는 의미는 심오한 진리를 담고 있는 경전 혹은 비밀스러운 지식을 가지고 있는 경전이라고 말할 수 있겠다. 실제로 《황제내경》을 영역할 때 '내內'를 'esoteric'으로 옮기는 것은 이러한 해석을 따르고 있다는 증거다. 《한서漢書》〈예문지藝文志〉에는 "《황제내경》18권과 《외경》37권이 있는데 《외경》은 전해지지 않는다"라고 나와 있다. 이러한 구절은 내 – 외의 내용에 차이가 있음을 암시하는 것이다.

그러나 내 – 외로 구분하는 것은 중국 문헌에서 흔히 사용되는 형식이기도 하다. 예를 들어 《춘추春秋》〈내외전〉, 《장자莊子》〈내외편〉, 《편작내경扁鵲內經》, 《편작외경扁鵲外經》, 《백씨내경白氏內經》, 《백씨외경白氏外經》 등은 '내'를 단순히 '외'의 상대적인 의미로 쓰고 있음을 보여준다. 이와 같은 견해는 현재 많은 지지를 얻고 있는 형편이고, 매우 설득력이 있다. 《황제내경》의 '내'가 생명의 도를 전하는 경전이라는 뜻을 내포하고 있고 이에 반해 외경은 내경에 좀 못 미치는 부수적인 내용을 담고 있다고 보는 또 다른 의견은 좀 납득하기 어렵다. 예를 들어 도가의 경전인 《장자》의 〈내편〉과 〈외편〉이 중요성에서 차이가 있는 것은 아니며, 이는 내 – 외의 용어로 경전을 나눈 다른 사례들에서도 마찬가지다. 단지 '내'는 '외'에 비해서 어떤 외적 규범을 따르지 않는다는 뜻으로 사용된 경우가 있지만, 그렇다고 해서 외경이 심오하지 않다거나 감춰진 은밀한 진리를 담고 있지 않다고 단정할 수는 없다.

이와 같은 단순한 해석 외에도 '내'는 어떤 이론적인 내용을 담고 있으며 '외'는 임상의 실천과 치료에 수반되는 기술 등을 담고 있다는 견해도 있다. 결국 《황제외경》이라는 것이 전하고 있지 않은 이상 추측에 불과할 뿐이지만, 여기서는 앞선 견해를 따르는 것이 적절하다고 생각한다.

(2) 〈소문〉과 〈영추〉

현재 《황제내경》은 두 부분으로 구성되어 있다. 하나는 〈소문素問〉이고 다른 하나는 〈영추靈樞〉다. '소문'을 글자 그대로 '평소의 문답'이라고 해석하기도 하며, 황제가 기백을 비롯한 명의들과 나눈 문답을 기록했다는 점에서 소素를 본本으로 해석하고 문問을 황제가 명의들에게 질문한 것으로 해석하기도 한다. 이때의 본은 음양의 근본을 말한다. 그러므로 황제가 음양의 근본에 대해 질문한 것이 〈소문〉이라는 것이다. 반면 좀 더 전문적인 견해로서, '소문'이란 우주의 발생을 언급한 문헌[50]에서 따온 말이라는 해석도 있다. 곧 "유형有形은 무형無形에서 생겨나기 때문에 태역太易, 태초太初, 태시太始, 태소太素가 있다. 태역太易은 기氣가 아직 드러나지 않은 것이고, 태초는 기의 시작이며, 태시는 형체의 시작이고, 태소는 형질의 시작이다"라는 문헌상의 실례를 가지고

'소문'을 해석하는 것이다. 이렇게 본다면 〈소문〉은 구체적인 형체를 뜻하는 형질(質)에 대한 문답이라는 뜻이 된다. 여기서 형질이란 구체적으로 생명을 영위하는 존재, 다시 말해 인간 생명의 본질이며, '소문'이란 그것을 묻는다는 의미다. 요즘 말로 하자면 인간의 생명이란 무엇인가, 인간이란 무엇인가, 생명이란 무엇인가 하는 것에 해당할 것이다. '무엇인가'라는 질문 형식은 질문 대상의 본질을 묻는 것이기 때문이다.

이러한 여러 설을 음미하면 '소문'이란 어떤 질문과 답변을 내용으로 하는데, 그 질문은 '소'가 뜻하는 '평소'에 대한 것이고, 그 문답은 '구체적인 형질에 대한 문답'이라고 볼 수도 있겠다. 그런데 평소라는 의미의 '소'는 도가 문헌에 등장하는 소박素朴, 질소質素와도 통하는 순수한 인간 본연의 모습을 말하기도 한다. 이렇게 본다면 〈소문〉은 역시 인간——혹은 생명——의 본질에 대한 문답임을 알 수 있고 실제 내용도 그렇다.

'영추'라는 말은 한漢, 수隋, 당唐에서는 찾아볼 수 없고, 송대宋代에 이르러 발견되고 있다. 이는 〈영추〉에 해당하는 내용이 《황제내경》에 대한 가장 영향력 있고 대표적인 주석가인 당대唐代의 왕빙王氷 이전에는 다른 이름으로 전해졌기 때문이다. 이 부분은 그 이전에는 〈구권九卷〉, 〈침경鍼經〉으로 불렸다. 《수서隋書》 〈경적지經籍志〉를 보면 《황제구령경십이

권黃帝九靈經十二卷》이라는 책 이름이 나온다. '구령'이나 '옥
추玉樞', '신추神樞'라는 용어는 도가 계열에서 흔히 볼 수 있
는 것인데, 이런 용어를 왕빙이 받아들여 '영추'로 개명한 것
으로 여겨진다.

글자의 뜻만을 본다면, '영'은 '신령스럽다'는 뜻이고 '추'는
'지도리'를 뜻한다. 한데 지도리란 문을 열고 닫는 축을 말하
므로 '추'는 변화의 기제로서 매우 중요한 기관을 뜻하고 있
는 셈이다. 그래서 영추는 '신령스러운 변화의 중추'로 해석
될 수 있다. 〈영추〉에는 침구鍼灸에 대한 내용이 많다.

(3)《황제내경》의 저술 시기

《황제내경》에 대해 말할 수 있는 가장 확실한 사실은 이
경전이 한 시기에 한 사람에 의해 저술된 것이 아니라는 것
이다. 각 편들에 등장하는 용어들의 언어적 지층이 동일한
시대에 속하지 않고, 중복되는 내용이 발견되는 것은 물론이
며, 심지어 모순적인 것까지도 발견된다는 점이 이를 확신시
켜준다. 또한《황제내경》을 언급하고 있는 문헌 기록들을 살
펴보면 이러한 사실을 더욱 확실히 알 수 있다.

《황제내경》이라는 책이 최초로 언급된 문헌은《한서》〈예
문지〉다. 〈예문지〉는 책들에 대한 해제를 방대하고 자세하
게 수록한 문헌으로, 저자는 후한後漢의 반고班固다. 반고는
이전 시기인 전한前漢 말기에 유흠劉歆이 편집한《칠략七略》

을 토대로 서술하고 있다. 〈예문지〉의 '방기략의경方技略醫經'
이라는 부部에 "《황제내경》 18권, 《외경》 37권"이라는 기록
이 등장하는데, 앞에서 말한 대로 현재《외경》은 전하지 않
는다. 반고는 유흠의 기록에 근거하고 있으므로 적어도 유흠
이 살았던 전한 말기, 즉 기원전 1세기 말에는《황제내경》이
라는 책이 있었음을 알 수 있다. 계속해서 〈소문〉과 〈영추〉의
저술 시기를, 편의상 따로 나누어 설명해보겠다.

ㄱ. 〈소문〉

〈소문〉은《황제내경》과 더불어 고대 의학의 한 기둥을 이
루는《상한론傷寒論》의 서문에서 최초로 언급되었으며, 이
후 현재까지 변화 없이 그 명칭으로 불리고 있다. 앞에서 말
한 것처럼,《수서》〈경적지〉에는《황제내경》이라는 것은 나
와 있지 않지만《소문》 9권과《침경》 9권이 기재되어 있다.
또한 진대晉代의 의가인 황보밀皇甫謐은 저서《갑을경甲乙經》
서문에서, 〈경적지〉에 언급된《소문》 9권과《침경》 9권을
《한서》〈예문지〉에 수록된《황제내경》 18권과 동일한 문헌
으로 연결시키고 있다. 황보밀의《갑을경》은 3세기 중엽에
편찬된 것으로, 시대적으로 한대와 멀지 않기 때문에 이 주
장은 신빙성이 있어 보인다.

〈소문〉이 성립된 시기에 대해서는 이견이 많지만 간추리
면 대략 세 가지로 구분된다. 각 견해를 살펴보기로 하겠다.

첫 번째로, 기원전 403~기원전 221년의 시기를 가리키는 전국戰國 시대의 작품으로 보는 견해가 있다. 앞에서 말했듯 이《황제내경》은 황제와 명의들이 나눈 대화를 담고 있지만, 사실 황제가 이 책을 쓴 것은 아니다. 하지만 옛사람들은 황제가 쓴 글이라고 믿었다. 요즘 시대의 비판적인 안목으로 보면 그런 옛사람들이 어수룩하게 보이겠지만 그것은 권위에 대한 고상한 태도라고 할 수 있다. 그런데 대략 11세기에 접어들면 황제의 저술이라는 데 의문을 품는 학자들이 나타나기 시작한다.

송대宋代의 소강절邵康節, 사마광司馬光, 정이천程伊川 등은《황제내경》이 전국 시대 말엽에 나온 것이라고 생각했는데, 그 근거로 문장과 표현이 전국 시대의 그것과 같음을 들었다. 이들은《황제내경》에 대한 명확한 논거를 제시하면서 이 같은 견해를 내세운 것이 아니라 문헌에 대한 일종의 평처럼 결론을 내렸다. 최근에는 선진先秦 시대——진나라의 천하 통일 이전을 가리키는 시대 구분 용어로, 춘추전국 시대 또는 제자백가 시기를 모두 포함한다——의 용어가《황제내경》에 사용되고 있다든가, 선진 시대의 문장이 대부분 운문으로 되어 있는 것처럼《황제내경》도 그러한 문장을 구사하고 있다든가 하는 논증이 이루어졌다.[51]

두 번째로, 〈소문〉에는 선진 시대와 위진魏晉 시대의 문장이 들어 있지만 편성은 주로 전한 시대에 이루어졌다는 주장이 있다. 문헌적 고증은 생략한다.

세 번째로, 고고학적 발굴의 성과를 토대로《황제내경》이 후한 시대에 성립되었다고 보는 견해가 있다. 1974년 봄, 중국 호남湖南 장사長沙의 마왕퇴馬王堆에서 발굴된 한漢 문제文帝의 묘지 속에서《음양십일맥구경陰陽十一脈灸經》과《족비십일맥구경足臂十一脈灸經》이라는 백서(帛書: 비단에 쓰어진 책)가 발견되었다. 그런데 이 두 '맥구경'에는 맥脈은 있지만 혈穴이 없고 오행五行도 나오지 않는다. 또한 약간의 장부臟腑에 대한 언급이 있지만 12경맥을 12장부와 연결시키고, 장부와 손발(手足)을 연계시킨 체계가 보이지 않는다. 이러한 정황이 후한 시대 성립설을 지지하고 있다.

이상의 주장을 검토했을 때,《황제내경》〈소문〉은 전국 시대 초기부터 후한에 이르는 기간 동안 여러 의가들의 손을 거쳐 정비된 것이라고 이해할 수 있다.

ㄴ. 〈영추〉

'영추'라는 명칭은 6세기 중엽 왕빙에게서 찾아볼 수 있다. 왕빙은 당시에 나타난《침경》과 유사한 책을 '영추'라고 부르고 있다. 그렇다면《침경》은 또 무엇일까?《침경》은 〈소문〉과 〈영추〉에 인용돼 있다.[52]

《침경》과 〈영추〉는 송대까지 각각 존재하고 있었으며 양자의 차이는 거의 없었던 것으로 보인다. 남송南宋 시대의 견해를 따른다면, 《침경》과 〈영추〉는 거의 같으며, 《침경》을 '영추'라고 부른 인물은 왕빙이었다. 하지만 《침경》은 이미 북송 시대에 유실되었다. 이렇게 본다면 《침경》의 여러 이본異本들 가운데 하나가 〈영추〉라고 생각하는 것이 합당할 것이다. 왜냐하면 《침경》이 먼저 존재했으며 '영추'라는 이름은 《침경》에 빗대어 탄생된 것이기 때문이다. 북송 시대에 의학서를 대대적으로 개편할 때 〈영추〉도 그 대상이었지만, 이때의 〈영추〉조차 지금은 전하지 않는다.

흥미롭게도 우리가 지금 말하고 있는 〈영추〉는 1093년 송나라가 고려에서 가지고 온 《침경》을 이름만 바꿔 부르고 있는 것이다. 〈영추〉는 '구허九虛'나 '구령九靈'이라는 이름으로도 불리고 있는데,[53] '침경'이 이 책의 원래 이름이다.

(4) 《황제내경》에 대한 역사적 연구

서구 문명이 대규모로 유입되기 이전에는 《황제내경》에 대한 연구 방법이 지금과 달랐다. 지금처럼 비판적인 태도로 경전 자체에 대한 의문을 갖는다든지, 《황제내경》에 담긴 명제들의 진위를 과학적인 실험 절차를 통해 판별하는 실증주의적인 방법을 취하지 않았다. 당시의 보편적인 학문 방법은 주석학이었다. 주석학이라고 해서 경전에 대한 비판적인 태도 없이 단순한 묵수에 그치는 것은 아니지만, 넓은 의미에서 주석은 경전의 원의를 찾는 해석학적인 방법에 포함된다.

다시 생각해볼 것은 《황제내경》이 다름 아닌 의가의 '성경' 이라는 점이다. 성경의 밖에서 성경을 본다는 생각은 차마 하지 못했던 사람들이 《황제내경》의 주석가들이었음을 염 두에 둘 필요가 있다.

《황제내경》의 역대 주석가는 대략 50~60명에 이르는 것 으로 보인다. 그중 주목할 만한 연구가를 살펴보자. 문헌 기 록상으로 최초의 주석가는 양대梁代의 전원기全元起인데, 그 의 주석은 남송 교체기에 전란 속에서 사라졌다.

《황제내경》에 대한 주석 가운데 가장 널리 알려진 것으로 는 당대의 왕빙이 〈소문〉에 붙인 주석을 꼽을 수 있다. 당대 는 도가와 불가의 영향력이 강했던 시대였다. 왕빙도 양생술 養生術과 의술에 일찍이 입문한 것으로 보인다. 그의 호가 계 현자啓玄子인데, 이 호에서도 도가의 사상을 엿볼 수 있다. 현 玄은 《노자老子》에서 연유한 말로 도道와 거의 같은 의미를 가지고 있다. 그런데 왕빙은 단순히 주석을 남겼다기보다, 그 주석을 통해 《황제내경》의 제 모습을 찾아준 인물이라고 할 수 있다. 그만큼 그의 주석은 큰 의미를 지닌다.

우선 그는 평생을 《황제내경》 연구에 바친 사람으로서 당 시 유포되어 있던 《황제내경》을 광범위하게 수집하여, 《황제 내경》〈소문〉의 모순된 편들을 과감히 정리했다. 이러한 개 편 과정에서 《황제내경》에서 사라졌던 운기運氣 관계의 논문 들을 정리하여 새로이 보충하기도 했으니 이 역시 왕빙의 공적이다. 운기란 '천인감응天人感應'을 기반으로 해서 자연과 인간을 연속성 속에서 파악한 것이라고 간략하게 말할 수 있다. '위에서 그러하듯 아래서도 그러하다As above, so below'라는 말로도 표현할 수 있는 천인감응은 하늘에서 일어나는 현상과 인간에게 일어나는 현상을 모두 하나의 질서로 포괄해 설명할 수 있다는 사유 방식의 한 표현이다. 이 사유 방식 속에는 하늘과 인간 모두 음양오행이라는 운기의 질서를 공통 기반으로 하고 있다는, 한자 문화권의 유구한 '영원의 철학'이 깔려 있다.

하늘의 질서, 구체적으로 일월성신日月星辰의 운행 질서는 인간의 몸에서도 확인할 수 있다. 곧 대우주로서의 하늘과 그것의 반영인 소우주로서의 인간의 몸이 상응하고 있다는 것이다. 이러한 사유 방식에서 일월성신의 질서인 천문天文은 인간의 몸에서도 똑같이 작용한다. 그러므로 인간의 생명은 천문의 질서에서 벗어날 수 없다. 하늘의 28수宿, 4계절, 24절기, 72후候, 낮과 밤의 일월 등이 음양오행과 그것의 부연인 천간天干과 지지地支의 상관관계 속에서 인간 몸의 핏줄, 살, 힘줄, 뼈, 오장육부, 영기와 위기, 경맥과 낙맥 등과 상응 관계를 갖는다. 특히 경락 체계와 천문과의 상관관계는 운기학이 천문학적 지식 없이는 독해되지 않는다는 사실을 경험할 때 비로소 확인할 수 있다.

왕빙은 이렇게 운기학을 〈소문〉의 원문맥에 보충했을 뿐만 아니라,《황제내경》의 각 편을 관련 논의를 중심으로 묶는 합리적인 방식으로 〈소문〉을 정리했다. 더욱이《황제내경》의 이론가일 뿐만 아니라 임상가이기도 한 인물로서, 경험적 사실에 입각한 해석을《황제내경》곳곳에 주석 형태로 싣고 있다. 이러한 왕빙의 업적은《황제내경》의 역사에 대단한 기여를 했지만 그에 대한 비판도 만만치 않다. 하지만 왕빙이 성립시킨《황제내경》〈소문〉의 체계가 없었다면 비판 역시 그 핵심을 비켜 갔을 것이다. 우리가 보고 있는《황제내경》은 이미 왕빙에 의해 틀이 잡힌 문헌임을 알아야 한다.

《황제내경》연구에서 기억할 만한 또 다른 사람으로 명대明代의 장개빈〔張介賓: 장경악張景岳이라는 이름이 더 유명하다〕을 꼽을 수 있다. 장개빈은 〈소문〉과 〈영추〉를 하나로 합해 열두 가지 주제로 분류해서 편찬했으며, 거기에 간결하고 경험적인 내용의 주석을 덧붙여《유경類經》을 저술했다. 그가 시도한 분류 체계는 후세에 가장 많은 영향을 끼쳤다. 이 번역서의 텍스트가 된《황제내경》도 원래의 모습대로는 아니지만 기본적으로 그의 분류 틀을 반영하고 있다.

3. 《황제내경》은 어떤 책인가

(1) 《황제내경》과 기

《황제내경》을 이해하기 위해 사전에 알아야 할 것들이 있다. 《황제내경》에 어떤 현재적 의미가 있다면, 그것은 아마도 이 책이 다음과 같은 질문과 불가분의 관계에 있기 때문이리라고 생각한다. 그것은 다름 아닌 '기氣란 무엇인가'라는, 기의 정체성에 대한 물음이다.

예컨대 '산은 무엇인가'라는 질문은 그 답이 쉽게 주어진다고 보인다. 물론 산이 무엇인지에 대해서 누구나 견해가 다를 수 있고, 산의 본질에 대해 답하는 것은 어려운 난제가 될 수도 있다. 하지만 실제적인 차원에서 이 질문이 어렵다고 생각되지 않는다. 그래서 그것은 흔히 질문에 대한 반문의 형식으로 되돌아온다. 아니, 산이 무언지 모른단 말인가? 또 다른 예로 '물질이란 무엇인가'라는 질문을 들어보자. 이 질문 또한, 산의 정체성에 대한 질문만큼은 아니더라도 답하기 그리 어려운 문제는 아니다. 그런데 기의 정체성에 대해 물을 때 우리는 어떤 한계에 부딪히는 것을 느낄 수 있다. 다시 말해 '산이나 물질은 무엇인가' 같은 질문은 답변의 정확성을 불문하고 '답변할 수 있는' 영역에 놓여 있다. 그렇기 때문에 답변이 좀 허술할 수는 있어도 답변하는 것 자체가 가능성과 불가능성의 경계에 놓여 있지는 않다. 하지만 '기란 무엇인가'라는 질문은 '답변 가능성'의 한계를 시험하고 있는 질문이다.

이는 '기'라는 어휘가 친숙하지 않기 때문이기도 하지만, 기라는 말이 이제는 더 이상 과거와 같은 위상에 놓여 있지 않기 때문이기도 하다. 오늘날 기라는 말에서는 이 개념에 생명력을 불어넣어주는 의미의 장이 박탈되었다. 이제 '기'는 한자 문화권의 일상적인 언어 습관에 녹아 있기는 하지만 예전과 같은 특별한 지위는 차지하고 있지 못하다. 이러한 상황은 상식적으로 보아 '시대가 바뀐' 탓일 수도 있으며, 달리 표현하면 '패러다임의 전환'이 이루어진 결과일 수도 있다.

기라는 관념은 현재 우리가 가지고 있는 합리성의 기준에서 벗어나 있을뿐더러, 그 기준에서 가장 멀리 떨어져 있다. 그러므로 기는 합리성의 한계를 묻는 비판적 개념의 역할을 담당하기도 하지만, 바람직하지 못한 여러 담론 속에 떨어질 가능성도 많이 안고 있다. 기의 신비주의가 그것이다. 신비주의는 폄하되거나 무시될 성질의 것이 아니지만, 여기서 말하는 신비주의란 기를 빗대어 무책임한 공상을 펴는, 근거가 불분명한 담론과 결부된 것이다. 그러나 《황제내경》에서 이야기되는 기는 우리 시대의 편향된 기의 담론과는 거리가 멀다.

현대를 사는 우리는 서구인들이 한자 문화권의 기라는 개념과 처음 대면했을 때 느꼈던 낯설음을 다시 음미할 필요가 있다. 우리는 한자 문화권의 문화적 성취를 유산으로 가지고 있지만 현재의 우리에게 기는 서구인들이 느끼는 것만큼이나 낯선 것이다. 이러한 정황은 서구인과 한자 문화권의 관계, 우리 자신들과 과거 유산의 관계가 유사한 관계로 묶여 있음을 보여준다.

서구인들은 기라는 개념을 먼저 원자atom로 옮겼다. 그러나 기는 바위나 돌같이 응집──기의 취聚──될 때는 불활성의 상태로 존재하지만, 희박화──기의 산散──의 과정을 거쳐 점차 자유롭게 된다. 기는 활성의 형태를 띤 생물체의 외형적 모습과 의지나 충동을 뜻하는가 하면, 희박화가 더욱 가속화되어 허공처럼 텅 빈 공간이 되기도 한다.

이 유형과 무형의 형태가 모두 기이고, 더욱이 생명체의 의지나 충동, 더 나아가 '정신'의 영역조차 기라면 이는 원자로 온전히 옮겨지기 어려운 개념이 아닌가?

기는 '물질'로 번역되기도 하지만, 물질은 원자를 보다 일반화시킨 개념이므로 이 역시 정확한 번역이라고는 볼 수 없다. 한편, 기에 함의된 생명 개념을 놓치지 않으면서 '프뉴마pneuma', '에테르ether', '라이프 에너지life energy', '바이털 포스vital force', '모나드monad' 등으로 기의 원의에 가깝게 번역되기도 한다. 이러한 개념은 과거의 생물학이 생명 현상을 설명하기 위해 고안했던 생기론生氣論의 배경을 가지고 있다. 그러나 생명의 근원으로 생각된 생기를 가리키는 용어들은 대부분 물질에서 독립해 있는 초월적 존재를 가리키기 때문에, 정신은 물론이고 물질까지 함축하고 있는 기의 개념을 포괄하지 못한다. 마지막으로, 현대 물리학이 물질과 에너지를 독립된 두 실체가 아닌 교환 가능한 존재로 인식하게 되면서[54] 기를 '물질 – 에너지matter – energy'라는 개념으로 번역하기도 했다. 하지만 물질 – 에너지라는 개념이 운용되는 물리적 세계관과 기를 기답게 만들어주는 세계관은 큰 차이가 있음이 인식되어 이제는 기라는 말이 그대로 사용되고 있다.

무엇보다 기에는 생명이라는 개념이 내포되어 있다는 것이 기를 서구의 언어로 번역하는 데 장애가 되었다고 보아야 한다. 원자나 물질 – 에너지를 포함한 생명 없는 물질의 함의만 가지고 기를 번역해서는 기의 의미를 온전히 살리지 못한다는 점은 《황제내경》의 세계관이 근대적 서구의 세계관과 갈등할 수밖에 없는 이유가 되었다. 그나마 기에 상응하는 용어들은 전근대적인 것이라 할 수 있는 고대나 중세의 원형과학 체계에서 채택한 것들이다. 이런 지적 배경에서 기는 자연스럽게 전前 과학이나 원형과학의 인식 속에서 이해되었다.

그런데 문제는 우위를 점한 서구의 근대적 세계관이 기를 과학적 세계관과 조화될 수 없는 비非과학의 영역으로 내몰았다는 것이다. 기를 통한 사유 방식은 과학 시대의 도래로 이미 종언을 고한 흘러간 옛 노랫가락이 되었다. 지금도 기를 운운하는 사람들에 대한 비판적 의견의 하나로 이러한 과학 – 비과학의 구도가 유효하게 사용되고 있다. 《황제내경》과 관련해, 한의학은 이러한 구도에서 전혀 과학의 자격을 가질 수 없었다.

그러나 근대 과학적 기준으로 설정된 과학과 비과학의 구도는 자연의 질서에 대한 새로운 경험에 의해 더 이상 유지될 수 없는 비생산적인 틀이 되고 있다.[55] 현대 과학은 더 이상 원자를 우주를 구성하는 기본 입자로 생각하지 않기 때문에 철학의 '유물론'을 더 이상 받아들이지 않고 있다. 다시 말해 물질 개념이 비물질화되어가고 있다. 더불어 물질과 대립해서 또 다른 하나의 실체로 여겨지던 정신과의 이원론적 구도도 허물어지고 있다. 이러한 서구 근대 과학적 세계관의 붕괴는 그 세계관을 이루는 궁극적인 관념들이 더 이상 설득력을 갖지 못하고 산산조각 나고 있음을 보여준다. 과학 언어의 핵심에 놓여 있는 인과율이 철학적 사유를 통해 정당성을 의심받게 되었을 뿐만 아니라, 실제 경험적 관찰에 의해 자연이 일률적으로 인과율의 지배를 받는 것만이 아니라는 사실이 확인되었다.[56]

보편타당성이 확보되지 않으면 자연법칙은 더 이상 법칙으로 불릴 수 없게 되며, 질서보다는 혼돈과 무질서가 새로운 시대의 이름으로 등장하게 된다.

현대 과학은 지난 세기의 과학이 발을 딛고 있던 궁극적인 관념군들에 어떤 문제가 있음을 감지하게 되었다. 예를 들어 아인슈타인의 상대성 이론은 문명의 여명기로부터 물려받은 가장 기본적인 언어, 그리고 그로 인해 형성된 가장 근본적인 관념인 시간과 공간에 대한 편견을 수정함으로써 이해될 수 있었다. 더욱이 자연법칙은 절대적이지 않고 상대적이라는 사실은 자연을 설명하기 위해 한 가지 이상의 설명 원리를 필요로 하게 되었다. 자연계의 미소한 '물질'들의 운동 방식이 기술되면서 자연에 대한 새로운 해석, 즉 물질은 정신과는 별개로 독립적으로 존재하는 것이 아니라는 해석이 시도되었다. 이와 함께 서구의 문화적 소산인 언어의 한계를 넘는 새로운 인식론을 개발하기 위해 비서구권의 사유 방식이 검토되기 시작했다.

이러한 분위기에서 기는 새롭게 조명받기 시작했다. 비과학적인 개념으로 생각되어왔던 기가 이제는 과학적 인식론의 대상으로 여겨지기 시작한 것이다. 이는 기의 문화권에서 살아온 사람들에게 매우 고무적인 일이었지만, 한편 기의 신비주의를 낳는 등 바람직하지 않은 결과도 동시에 가져왔다. 지나가버린 꿈의 한 꼭지를 들고 다가오는 세계상에 기가 다시 복권될 것이라는 과도한 기대 역시 기의 사유 방식을 비과학적인 것이라며 조롱했던 사람들의 심정 구조와 닮아 있다. 기는 무소불위의 만병통치 개념이 되었다. 만병통치란 모든 문제를 해결해준다는 환상으로 사람들을 미혹하기 쉬운 개념이다. 만병통치와 같이 모든 것을 설명하고 해명하는 이론은 이미 과학의 자격이 없다. 과학은 인간 지성의 오류 가능성 위에서 이론을 수립하고 개선하고 발전시키기 때문이다.

기에 대한 이러한 두 가지 상반된 평가는 실제로 한 세기도 되지 않는 시간 동안 이루어진 것이고, 현재 우리 주변에서 흔히 볼 수 있는 가장 대표적인 태도다. 서구인들이 기를 그들의 언어로 옮기면서 오히려 그들의 사유 체계가 포착하지 못했던 사실들을 부지불식간에 의식하게 된 것처럼, 현대 과학은 근대 과학이 가진 문화 유형론적인 편견의 구조에서 벗어나려고 시도하고 있다. 근대 과학은 종교적 세계관과 심한 마찰을 빚고 탄생했다. 그런 의미에서 브루노의 화형은 하나의 상징적인 사건이다. 그러나 아이러니컬하게도 근대 과학은 종교적 세계관의 배경 없이는 가능하지 않았다. 과학적 '법칙'은 인간의 마음에 계시된 초인간적, 초이성적 존재에 의해서 반포된 칙령으로 의미되었다. 즉 자연법칙은 초월적 입법자로서의 신이라는 존재를 전제함으로써 가능했다. 이 점과 관련해서는 영혼불멸에 대한 기독교도들의 신앙과 보편적 인과 관계에 대한 과학자들의 신뢰(양자역학 이전)가 유사성을 가지고 연관되어 있다고 바꿔 말할 수도 있다. 그러나 과학과 비과학의 날카로운 대립 이면에 놓인 서구의 뿌리 깊은 의식 구조는 이러한 점들을 서로 모순되는 것으로만

취급해왔다.

이제까지의 기에 대한 논의는, 기를 있는 그대로 조명하거
나 기의 사유(기를 바탕으로 한 사유)를 중심으로 기타 문화권
의 사유를 상호 검토하는 주체적인 자세에서 이루어지지 않
았다. 우리로서는 기의 사유가 가진 긍정적인 면, 적극적인
면조차 스스로 반성적으로 검토해보지 못했다. 이러한 반성
의 첫걸음으로 기가 살아 움직이고 있었던 고전에 대한 재해
석이 필요하다.

(2) 《황제내경》을 성립시킨 철학 사상: 황로학

한자 문화권이 보이고 있는 '기의 사유'를 긍정적으로 검
토하기 위해 우선 기의 사유가 형성된 문헌을 해설해볼 필요
가 있다. 여기서는 기라는 개념을 단순한 물질적·심리적 현
상으로 설명하는 데서 차츰 우주와 세계를 해명하는 포괄적
인 개념으로 진화시킨 철학 사상의 흐름을 도가 계열의 황로
학黃老學으로 규정하면서 논의를 시작하겠다.

황로학은 황黃과 노老가 결합된 이름이 암시하듯 노자老子
의 형이상학과 인식론에 이론적 근거를 두되 이 이론이 과거
에서부터 전승되어온 정통의 것임을 정당화하기 위해 신화
적 존재인 황제에 가탁했다. 황로학의 초기 모습은 맹자孟子
와 장자莊子가 활동했던 전국 시대의 학술 중심지인 제齊나
라의 직하稷下에서 볼 수 있다.[57] 전국 시대에는 유가儒家보다

는 도가道家적 사상이 풍미했는데, 유가를 비롯한 다른 제자 백가들도 도가적 사유에 영향을 받을 정도였다. 최근 연구에 따르면 이들 도가 계열의 학파들은 음양철학의 원론이며 유가의 경전으로 알려져 있는《역전易傳》을 성립시킨 세력들에 영향을 미칠 정도로 막강한 힘을 가지고 있었다.[58] 이런 도가 계열의 학파 중에 황로학이 포함된다.

이 '황로'를 통해 자신의 사상을 표방하는 학파들로는 음양가陰陽家, 오행가五行家, 천문가天文家, 잡점가雜占家, 의경가醫經家, 경방가經方家, 방중가房中家, 병가兵家, 역보가曆譜家 등이 있다. 이 학파들은 명칭에서 알 수 있듯 요즘 말로는 원형 과학proto - science에 해당하는 자연철학적 경향을 가지고 있었다. 이 글에서 규정하는 황로학이란 이런 학파들을 한데 묶는 개념organizing concept이며, 한대漢代에 유행했던 '황로 사상'을 가리키고 있다. 그러므로 황로학이란 하나의 학파를 가리키는 이름이 아니라, 전국 시대에 출발해 진한 교체기를 거쳐, 중국 문명의 원형적 모습을 형성한 한대에 와서 완성된, 기를 통해 우주와 세계를 해석하는 하나의 거대한 학술 운동이라고 말할 수 있다.[59] 이 황로학은 음양오행을 통해 자연과 인간을 하나의 연속체로 설명하는 한자 문화권의 독특한 사상을 형성했으며, 이후 이 문화권의 공동 자산으로 자리 잡게 되었다. 그 사상의 핵은 우주와 세계(인간)를 아우르는 포괄적인 기의 개념이다.

우리는 《황제내경》을 통해서 이러한 철학 사상이 어떻게 구체적으로 논의되고 있는지 확인할 수 있다.

(3) 《황제내경》의 주요 내용

이 책은 《황제내경》 〈소문〉과 〈영추〉에서 비교적 《황제내경》의 철학과 사상을 잘 전달하고 있는 편들을 골라 옮긴 것이다. 분류 항목들은, 장개빈이 《황제내경》을 유형에 따라 분류'한 《유경》의 방식을 따라서 양생의 도, 장부론, 경락 이론, 음양오행, 운기학 등으로 나누었다. 이제 이 항목들이 각각 어떠한 내용을 담고 있는지 알아보자. 그런데 먼저 언급해야 할 것은 이 분류 항목들이 고정된 것이 아니라는 점이다. 양생을 말하는 부분이라고 해서 양생에 대해서만 논하는 것이 아니고, 장부론이나 경락 이론, 음양오행이나 운기학이 모두 그 속에 통합되어 있음을 염두에 둘 필요가 있다. 장개빈의 분류를 비롯해서 《황제내경》의 분류는 두부를 자르듯 명확하게 주제를 가르지 않는다.

ㄱ. 양생의 의미

양생養生은 '생을 기른다'라는 뜻인데 단순히 수명을 연장시키는 것을 의미하지 않는다. 여기서 '생'은 생명의 존재 방식이라는 삶의 총체적 의미를 담고 있다. '인간은 태어나서 어떻게 살고 있으며 어떻게 살아야 하는가'라는 질문은 인간 존재의 사실적 측면뿐 아니라 삶의 의미를 묻는 가치론적 측면까지 포함하고 있다.《황제내경》은 인간의 생이 자연의 질서가 가지고 있는 순환과 리듬의 구조━━사계절의 한서寒暑 교차와 밤낮의 교대 등━━를 가지고 있다고 말한다. 이 구조에서 일탈하는 삶은 궁극적으로 생의 파괴인 죽음에 이르겠지만 일탈 현상 역시 병리적 질서를 따르게 된다. 그러므로 병리적 세계에서 생리적 세계로의 회복과, 병리적 세계로 일탈하지 않는 수양을 포함하는 삶의 기술을 양생이라고 할 수 있다.

자연계의 대부분의 생명체는 자연의 순환적 리듬에 순종하지만 인간의 경우는 왕왕 그것에 반하는 경우를 보인다. 그것은 인간이 마음을 가지고 있기 때문이다. 그런데 그런 마음조차 자연의 질서에 상응한다. 장부의 질서는 사계절의 리듬에 공명하고 인간 마음의 기저 부분인 감정과 정서━━총칭해서 칠정七情━━도 그 리듬에 공명한다. 그러므로 인간의 마음조차 자연적 질서의 연장선상에 놓여 있다. 이때 인간의 의지는 인위적인 강제의 발로가 아니라, 하늘의 사계절과 대지의 기후 변화처럼 주기적인 리듬을 가진 자발적 운동으로 이해된다. 이 점은 현재의 우리의 상식적이고 지배적인 가치관과 차이가 크다. 우리로서는 그것이 지나치게 낙관적인 태도가 아닌가 하는 의혹이 생긴다. 과연 인간의 마음이 초목이 자라는 봄처럼 그렇게 자연의 리듬에 실려 발현되는가? 인간의 욕망이 그러한 자연적 절제의 균형 속에 있는가? 그러나 우리의 가시 돋친 의혹에도 불구하고《황제내경》은 우리가 몸을 가지고 있다는 사실이 궁극적으로 우리가 이러한 리듬 속에 있음을 뜻하고, 그것을 망각하는 것은 생명을 온전하게 유지할 수 없는 결과를 가져올 것이라고 부드럽게 말하고 있다.

여기서《황제내경》의 사상의 원류 가운데 하나인 장자의 말을 떠올려볼 수 있다. 장자는 인간중심주의적인 우리의 에고를 유독 자연에서 불필요한 '췌贅'로 간주했다. 췌는 근거 없이 생겨난 인간 몸의 혹으로 군더더기에 불과하다. 그러나《황제내경》은 그러한 췌의 발생을 막는 방법과, 생겨난 군더더기를 털어내는 방법을 말해주고 있다. 그 방법이 양생이다. 그러므로 양생의 달인이란 계절의 순환, 낮과 밤의 교체 등과 같은 자연의 순환적 질서를 따라 비와 이슬이 초목을 적시듯 만물의 감응 속에서 삶을 영위하는 인간이라고 말할 수 있다. 그러나 이것은 무척 비현실적으로 보인다. 그러므로 '양생'의 과정은 쉽지 않을 것이라 짐작할 수 있다. 이런 삶의 기술에는 훈련과 규율이 필요하고 적절한 앎도 요구된다. 그 앎을 자연의 질서, 즉 음양오행이라 말할 수 있다.

ㄴ. 음양오행과 장부론

인간은 대자연과 무엇으로 소통하는가?《황제내경》은 인

간의 중심을 장부론臟腑論으로 설명한다. 그런데 인간의 장부는 자연의 질서인 음양과 오행에서 생겨났다. 장부를 이루는 재료가 그렇고, 장부들의 긴밀한 의존과 상호 관련이 그렇다. 음양은 기의 두 측면을 일컫기도 하지만 사유의 원리이기도 하다. 음양의 분류 가운데 최상위에 해당하는 것은 하늘과 땅 혹은 해와 달이다. 음양으로 대별된 두 계열 속에, 존재하는 모든 사물이 분류된다. 대자연 속의 또 하나의 자연인 인간이 음양으로는 어떻게 분류되는지《황제내경》을 통해 바라보자.

대자연인 하늘과 땅은 인간의 몸에 그대로 투영돼 있다. 하늘과 땅은 하나의 거대한 힘의 장이다. 마찬가지로 인간은 땅을 디딘 채 하늘을 이고 있으면서 이러한 힘의 장을 본받고 있다. 동서남북의 방위는 동시에 봄·여름·가을·겨울이라는 시간의 추이를 나타내고 있으며, 시간과 공간이 연속체로 존재하고 있는 이 힘의 장에서 인간의 오장육부五臟六腑가 생겨난다는 것을《황제내경》은 보여주고 있다. 이 힘의 장은 기가 운행하는 시공간으로서 모든 사물은 이 힘에 의해 변형되고 관계를 형성한다. 예를 들어 봄에서 여름으로의 추이는 그것에 상응하는 간과 심장의 관계를 만들어준다. 간은 심장을 '낳는다(相生)'. 간과 심장의 관계는 우호적이다. 동시에 여름에서 가을로의 추이가 진행되면서 서쪽이자 가을인 지점에 오장의 폐가 자리 잡는다. 폐와 간의 관계는 우호적이지 않다. 폐는 간을 '이긴다(相克)'. 폐는 적극적으로 간을 제어하면서 충돌한다. 그런데 이런 충돌과 제어의 관계가 일방적으로 진행되는 것은 아니다. 폐가 간을 제어하려면 간은 심장의 기능을 강화시켜서 폐를 제어하든지, 비장을 제어해서 폐를 굶주리게 만든다. 심장은 폐를 제어하는 관계에 있고, 간은 비장을 이기기 때문이다.

이러한 장부의 관계는 오행이라는 시공간의 힘에 의해 자율적으로 진행된다. 그것이 자율적인 것은 오행의 관계가 상생과 상극의 순환 고리를 형성하고 있기 때문이다. 다시 말해 오행은 음양의 관계를 맺고 있기 때문에 단독적이고 고립적인 존재가 될 수 없다. 이 상생과 상극이라는 변화를 일으키는 원인은 충돌과 조화의 두 관계, 곧 음양 관계가 동시에 성립하기 때문에 일어난다. 이리하여 음양과 오행을 함께 붙여 부를 수 있는 필연적인 관계가 가능해진다.

ㄷ. 경락 이론

인간의 몸은 대자연의 질서와 상응하기 때문에 대자연의 일정한 기운의 흐름이 몸속에도 흐르고 있다. 경락經絡 이론은 한의학이 가지고 있는 가장 특이한 부분이다. 사실《황제내경》에 대한 큰 관심은 대부분 경락에 집중되어 있다고 해도 지나친 말은 아닐 것이다. 그런데 현대인들에게 경락 이론은 여하한 실증적인 정신으로는 이해할 수조차 없는 것으로 보인다. 그것은 외현적 질서를 추구하는 시대의 정신으로는 파악할 수 없는 '신비한' 현상이다. 해부학적 실체 없이 기능만 존재하는 이러한 몸의 현상은 어떻게 법칙화될 수 있고 해명될 수 있는가? 그것은 과학인가? 이와 같은 질문은 오늘날에도 이른바 '한의학의 과학화'를 목표로 하는 사람들에게 고심에 찬 화두가 되고 있다.

먼저 《황제내경》에 나와 있는 경락에 대한 내용을 살펴보고, 경락 이론의 현대적 의미를 간략히 짚어보겠다.

경락은 보이든 보이지 않든 어떤 통로와 흐름의 길을 모두 일컫는다. 경經과 낙絡은 모두 '실 사糸' 변을 가지고 있는데, 경은 보편적인 의미를 담고 있는 어휘이기 때문에 통하지 않는 곳이 없는 길이라는 뜻을 지니고 있으며, 낙은 네트워크의 종횡무진 교차를 의미한다. 이 길을 통해 기가 운행된다.

이 책의 〈영추〉 "해론"에도 나와 있듯이, 경락은 장부와 몸의 표면(피부)과의 연접 통로다. 피부는 몸의 외부와 내부를 가르는 기준이 된다. 몸의 병은 이 피부를 통해 전해지고, 장부의 병리적 이상 상태는 피부에 드러난다. 정신분석가들은 '피부는 무의식의 창'이라고도 말하고 있다. 피부는 내 몸이지만 동시에 내 몸이 아니기도 하다. 내 몸이 아니라고 말한다면 대자연의 질서의 일부분이라고 생각할 수 있다. 친근하게는 발한發汗을 통해 열기구처럼 몸의 항상성을 유지하는 것도 피부의 기능 중 하나다.

호흡을 포함하여 음식물을 통해 생성되는 혈기는 몸을 기르고 생명을 유지하기 위한 중요한 '물질'이지만, 경락이 운행되고 흘러다녀야 비로소 부단히 순환하면서 힘줄, 뼈, 살 등의 조직과 기관에 영양을 공급해 정상적인 생리 작용을 유지시킨다. 경락은 병리적 측면에서는 병의 통로고, 치료의 측면에서는 약물이 운행하는 통로다. 그리고 경락에 위치한 경혈經穴에 침과 뜸을 시행하면 치료가 가능하다.

　　경락은 경맥과 낙맥, 손맥, 기경奇經 등을 포함한 전체를 뜻하지만 여기서는 경맥에 대해서만 이야기해보자. 몸의 중심인 오장육부는 장과 부가 음양의 관계로 한 쌍을 이루고 있다. 오장이 육부와 짝을 이루려면 육장이 되어야 하는데, 오행의 화에 속하는 심장이 심포心包와 함께 둘이 되어 육장육부가 짝이 맞게 된다.[60] 이래서 육장육부는 모두 12장부가 되며, 이 장부에 경맥이 하나씩 배분된다.

　　오장의 '장'에는 '숨겨져 있다'는 의미가 있는데, 이렇게 생명의 기운이 깃들어 있는 오장은 '고요함'으로 인해 음으로 분류되고, 음식물을 소화하고 진액을 온몸에 운반하는 '움직임'을 담당하는 부는 양으로 분류된다.[61] 가슴의 횡격막을 기준으로 가슴 속에 폐·심포·심장이 있고 배 속에 비장·간·신장이 들어 있기 때문에, 가슴 속의 오장(3장)은 손의 경맥에, 배 속의 오장(3장)은 다리의 경맥에 연관된다. 그리고 오장(6장)에 대응하는 육부가 오장의 연관에 따라 분류된다. 이렇게 되면 팔과 다리의 경맥은 각각 12개로, 모두 12정경이 성립된다. 12정경은 몸의 좌우 대칭으로 12쌍이 있게 된다.

그런데 경맥의 이름에는 음양의 구조적 인식이 깔려 있다. 예를 들어 '수태음폐경'이라는 경맥은 '수·태음·폐'의 어휘로 조직되어 있다. 수手는 손을 가리키는 것이고 폐는 오장의 하나지만 태음은 어떻게 해서 결합된 것일까? 태음은 사상 四象──태양·소음·소양·태음──가운데 하나지만 특별히 《황제내경》 속에서는 삼음삼양三陰三陽 가운데 하나를 뜻한다. 삼음삼양은 음이 셋이고 양이 셋이라는 말로 음양이 세 분화된 것이다. 셋인 음은 태음·소음·궐음이며, 셋인 양은 태양·소양·양명이다. 이 가운데 궐음과 양명은 거의 한의학에서만 사용하는 용어다.

팔의 안쪽을 흐르는 세 개의 경맥은 각각 폐경·심포경·심경이 되고, 다리의 안쪽을 흐르는 세 개의 경맥은 각각 간경·비경·신경이 된다. 그리고 이들 장과 짝을 이루는 부의 경맥은 팔과 다리에서 이들 장의 경락의 맞은편을 지나간다. 예를 들면 폐경 맞은편에는 대장경, 심포경 맞은편에는 삼초경, 심경 맞은편에는 소장경, 비경 맞은편에는 위경, 간경 맞은편에는 담경, 신경 맞은편에는 방광경이 지나간다.

몸의 좌우 대칭으로 12쌍인 경맥에는 각각 경혈이 분포되어 있는데, 이 경혈은 그 경맥을 흐르고 있는 기운을 조절할 수 있는 특별한 기능을 갖고 있다. 이 혈을 취하면 해당 경맥의 기의 흐름을 조절하여 장부들의 음양오행의 자율적 관계에 따라 오장육부의 전체적인 기의 흐름까지도 조절할 수 있다.

ㄹ. 경락 이론의 현대적 의미

앞에서 말했듯이 기의 정체성을 묻는 질문은 답변 가능성의 한계 지점에 놓여 있다. 단순하게 말해서 경락 이론은 과학 개념의 근본적인 변혁에 스위치 역할을 하든지, 과학이라는 부담을 벗어던지게 할 것으로 보인다. 이에 대해 여기서 깊이 논하기는 어렵고 대략적으로만 짚어보겠다.[62]

《황제내경》과는 달리 서양 의학은 마음과 몸을 판연히 가르고 있는 이원론의 체계 위에 서 있다. 그러나 기를 중심 개념으로 삼고 있는 《황제내경》의 체계는 마음과 몸을 하나로 합한다거나 이원론을 지지한다거나 하지 않는다. 마음과 몸의 일원론이나 이원론에 대한 관심이 애초에 없고, 다만 '몸과 마음은 다르지 않다〔心身一如〕'는 관점을 가지고 있다. 실제로 마음과 몸을 가리키는 한자조차 명확히 구분되지 않는다.[63]

이런 점에서 생각해보면 경락이란 일종의 루트로, 앞에서 보았듯이 12정경, 기경, 낙맥, 손맥처럼 피부 위를 덮어 싸고 있는 그물조직이라고 할 수 있다. 그런데 혈관이나 신경이 '볼 수 있는' 조직인 데 반해서 경락은 '볼 수 없는' 조직이다.

혈관과 신경이 존재하고 있는 해부학적 실체인 데 반해서 경락은 실체가 없다. 족양명위경의 그림에서 몸의 앞면이 선으로 연결되어 있다고 해서 실제 우리의 몸속이 그런 모양으로 연결되어 있는 것은 아니다. 족양명위경에 속하는 혈인 족삼리를 예로 들어보자. 이 혈은 무릎 바로 아래 다리 바깥쪽에 있는데, 이곳을 침이나 뜸으로 자극하면 위장의 기능을 조절할 수 있다. 실제로 정밀한 관측 기계로 몸속을 들여다보면 위장에 반응이 일어나는 것을 볼 수 있다. 평소 만성 위장병에 시달리는 사람들이 이곳에 지속적으로 뜸을 뜨거나 지압을 하면 위장병이 개선되고, 혹은 씻은 듯이 낫는다는 얘기는 우리가 살고 있는 문화에서는 잠깐 귀를 기울이면 어디에서든 들을 수 있다.

그런데 무릎 아래의 족삼리라고 부르는 그곳은 위장과는 생리적 기능상 아무런 관계가 없다. 해부학적 실체가 없다는 말은 정밀한 관측 도구를 사용해서도 볼 수 없다는 뜻이 아니라, 이렇게 생리학의 체계로는 파악할 수 없다는 의미를 가지고 있다. 이런 점이 완고한 서양 의학자의 의식 속에서는 하나의 난센스로밖에 생각되지 않는 것이다. 그러나 분명 수천 년의 임상 자료가 있고, 현대에도 이러한 임상 자료는 산처럼 쌓여 있다.[64] 하지만 앞에서도 언급했듯이 과학은 새로움을 먹고 자라나지만, 이러한 새로움은 현대 의학의 기초인 생화학과 해부학에 전혀 반영되지 않고 명백한 사실을 부정당하고 있는 실정이다.

기는 응집과 희박화를 통해 허공까지도 포함하는 넓은 개념이라고 말했듯이, 경락은 기가 운행하는 길이기 때문에 기가 가지고 있는 특성에 따라 보이지 않을뿐더러, 몸과 마음을 구분한 데서 성립한 생리학의 체계로 접근하는 데에는 한계가 있다. 애초에 몸과 마음을 구분하지 않고 하나로 파악한 인간의 몸에 대한 통찰이 경락을 발견한 것이라 할 수 있다.

경락 이론을 현대 생리학의 언어와 융합시키려는 노력에 따라 이해해보자. 실제 중국에서는 경락에 민감한 사람들을 대상으로 한 실험을 통해, 어떤 사람들에게는 기의 흐름이 몸을 퍼져나가는 것이 느껴진다는 것을 확인했다. 이것은 일반인들에게는 기라고 하는 작용이 의식이 아닌 무의식의 영역과 관계가 있다는 것을 시사한다.

일반적으로 신체의 생리적 기능은 감각신경 및 운동신경에 의해 지배되는 동물적 기능 부분과 자율신경에 의해 지배되는 식물적 기능 부분으로 나뉠 수 있다. 전자는 귀·눈·코·입·사지이고 후자는 주로 내장의 여러 기관, 곧 오장육부다. 그런데 이 감각신경과 운동신경의 중추는 뇌의 구조 속에서 윗부분인 피질 부분에 분포하고, 자율신경의 중추는 피질 밑의 간뇌의 시상하부에 있다.

이 구별을 심리적으로 보면 동물적 기능은 주로 의식에 속하고 마음의 표층에 해당하며, 오장육부는 보통은 의식되지 않고 자율적으로 활동하고 있다는 데서 대부분 무의식으로 있다고 할 수 있다. 이들 식물적 기능은 식욕이나 성욕과 같은 본능적 욕구와 관계가 깊고 심리적으로는 감정(칠정)과 깊이 관련되어 있다. 본문의 경락 그림에서 볼 수 있듯이 몸의 앞면은 위경락이, 뒷면은 방광경락이 대표하고 있으며, 가장 혈이 세분화되어 있는 것을 알 수 있다. 이것은 식食과 색色, 곧 식욕과 성욕이라는 대표적인 욕구가 경락으로 표현된 것을 암시한다.

심화, 요즘 말로 심리적 스트레스가 지나치면 그것은 뇌의 변연계와 간뇌를 통해 자율신경에 작용하며 그 지배 아래에 있는 오장육부의 활동에 영향을 미치게 된다. 오장육부는 보통은 의식과 독립되어 무의식적으로 영위되지만, 의식 작용의 강한 개입에 의해서 무의식 과정의 활동에 이상한 변화가 발생하게 된다. 그것이 의식에 자각되면 심신증이나 신경증으로 불리게 되는 것이다.

뇌생리학자들은 인간의 뇌가 매우 이상한 진화의 과정을 밟았다고 말한다. 곧 의식과 언어를 담당하는 대뇌피질이 '오래된 뇌', 즉 포유류나 파충류의 뇌 혹은 더 하등한 생물의 중추신경계 위에 덧씌워져 있다는 점에서 뇌가 가진 구조의 불연속적인 면을 지적한다. 예를 들어 인간은 진화가 비약적으로 시작되기 이전에도, 그러니까 이미 선사 시대 훨씬 이전부터 지금의 과학 문명을 창조한 뇌의 용량이나 기능과 조금도 차이가 없는 뇌를 가지고 있었다는 것이다. 이것은 진화론에 위배되는 매우 특이한 사례로 언급되고 있다. 정신과 의사가 정신의 활동에 이상이 있는 환자에게 침대에 누우라고 할 때, 뇌의 측면에서 본다면 실은 인간과 더불어 말이나 악어가 동시에 눕는 것과 같다. 정신 활동의 이상이란 이 뇌의 세 영역이 공조하지 않는 데서 발생하는 것이기 때문이다. 인간은 뇌라는, 우주에서 가장 복잡한 구조물이자 창조의 걸작을 가지고 있으면서도, 과거의 역사에서 보듯 구제불능의 잔인한 기록들을 쌓아왔으며, 인간의 전멸을 가져올 수도 있는 환경 파괴 등의 사태에 속수무책이다. 뇌과학자들은 이것이 바로 오래된 뇌와 새로운 뇌의 불협화음에 기인한 것이라고 진단한다.

보통 경락 이론은 도가 계열의 사상에서 신선이 되기 위한 신체 단련에 필수적인 지식이다. 그런데 오장육부의 세계는 의식적인 조절이 매우 어렵다. 심장을 의식적으로 일시적이나마 멈추게 하거나 혈류血流를 정지시키는 것은 생명의 파괴로 이어지기 때문에 도저히 불가능한 일이다. 그러나 고대로부터 내려온 명상이나 신체의 수련을 통하면 몸의 자율적인 식물적 기능을 어느 정도 조절하는 것이 가능하다. 보통 사람들에게는 끔찍한 일이지만, 머리를 모래 속에 파묻고 며칠씩 견디는 고행자들도 있다. 이런 일이 가능한 것은 우리 몸이 우리가 알고 있는 이상의 능력을 가지고 있다는, 소박하지만 강력한 증거이다.

의식적인 노력을 통해서 동물적 기능과 식물적 기능을 일시적으로 통합하는 이러한 수련은 경락의 존재에 대해 알 수 있는 실마리를 던져주고 있다. 경락은 무의식과 의식을 연결한다는 의미에서 심리 작용을, 동물적 기능과 식물적 기능을 결합한다는 의미에서 생리 작용을 통합하고 있는, 마음과 몸이 하나로 되어 있는 미분화된 체계로 이해될 수 있다. 신경이 신체의 척수에서 나와 수평 방향으로 연결되어 있는 것에 비해, 본문의 여러 경락 그림에서 볼 수 있듯 경락이 인체를 수직으로 관통하고 있는 것은 이런 통합의 한 가지 시사이다.

오래된 뇌를 통제하지 못하는 인간의 나약함은 욕심으로 뭉뚱그려진, 없어져야 할 것으로 생각되었다. 〈소문〉 "상고천진론"은 인간이 양생을 하지 못하는 이유로 이런 욕심에 기인한 무절제를 들고 있다. 경락 체계는 인간이 몸과 마음이 하나로 되어 있는 존재지만, 신체의 수련과 마음의 수양을 하지 않으면 항상 바깥으로부터의 심화와 욕구, 욕망에 취약한 존재라는 것을 알리고 있다.

기의 개념, 마음과 몸의 미분화된 통합 등의 전제 위에서 마음과 몸을 관통해 펼쳐져 있는 경락은, 의식적 차원에서 구성된 생리학으로는 간접적인 추론을 통해서 비로소 존재가 확인된다. 그러나 의식과 무의식을 통합하고, 욕구와 욕망의 공세를 변형시킬 수 있는 몸의 수련을 통한 사람은 느낄 수 있는 존재라는 점에서, 경험이 수평적 차원이 아닌 수직적 차원을 가지고 있음을 알게 된다. 흔히 깨달음이라고 불리는 깊은 경험이나 의식의 변형을 통해서 경락을 체험할 수 있다는 사실 때문에, 경험의 수평적 차원만을 인정하는 과학적 인식으로 파악하기가 어렵다. 기의 과학이 '영성의 과학', 혹은 '깨달음의 과학'이라고 불리고 있는 것은 이러한 사정을 반영한다.

ㅁ. 운기학

대우주와 소우주의 아날로지analogy는 오래전부터 동서양을 막론하고 인류의 경험으로 전승돼온 사유 방식이다. 굳이 한자 문화권이 아니더라도 희랍이나 중세 유럽, 아랍 문명과 인도 문명에서도 이러한 아날로지는 근대 이전까지는 하나의 상식이었다.[65]

《황제내경》에서는 이러한 아날로지의 철저한 체계가 보이는데, 이 체계는 기계적 필연론을 연상시키는 상응의 도식으로 구성되어 있다. 음양오행이 오운五運 육기六氣로 변하면서, 오운육기는 천간·지지를 이용해서 지상과 천체의 상호 연결된 규칙적 순환을 설명하는데, 그 상관관계가 매우 복잡하다. 이 번역서에서는 몇 구절만 실었다. 운기학 자체가 매우 방대하고 독립적인 이론 분야이기 때문에, 그 체계가 의미하는 것을 간단히 언급하는 데 만족해야 할 것 같다.

운기학은 기상학·천문학적 관심의 소산이라고 해야 할 것이다. 운기학을 배우기 위해서는 간지의 사용과 조작에 능통해야 한다. 천간(십간)과 지지(십이지)는 갑골문에서도 확인되는데, 은대殷代에도 사용된 것으로 보아 매우 오래된 어휘임에 틀림없다. 천간과 지지는 모두 날짜를 표시하는 데 이용되었고, 조합하면 60갑자가 되는데 이것은 우리에게도 현재까지 친숙한 연대나 날짜 표기법이다. 그런데 운기학에서는 천간과 지지를 십간과 십이지라고도 하며, 이것은 오운과 육기가 각각 두 배가 되어서 생긴 것이라고 설명하고 있다. 오운은 오행과 큰 차이가 없지만 육기는 오행의 화〔寅申相火〕가 하나 더 늘어서 성립되었다. 지축이 경사가 져서 경사 이전의 동서남북과 춘하추동의 시공간 축과 경사 이후의 축이 일치하지 않는 것을 화의 증가로 생각한 것이다. 화라고 한 것은 축의 경사로 해서 전체적인 음양의 기운 가운데 양의 기운이 증가한 것으로 파악했기 때문이다. 오운에 대해서는 이 책 본문 끝부분의 〈소문〉 "오운행대론"을 참조하는 것이 좋을 것이다. 지구의 자전축이 지구의 공전면과 일치하지 않는다는 사실[66]은 거꾸로 하늘에 투영하면 하늘의 28수가 기울어져 있다는 것이기도 하다. 관찰은 지상에서 행해지기 때문에 지구중심적일 수밖에 없다. 지축이 기울어져 사계절이 발생된다는 것을 하늘에 투영시켜 말하면 28수의 운동(사실은 지구의 자전과 공전 운동)에 의해서 자연의 질서가 이루어진다고 할 수 있다. 이 글에서는 하늘과 땅의 기가 음양으로 갈라져 운동하고 있는 것을 나타내고 있다. 이것을 운기학의 시초라고 말한다.

하늘이 음양오행의 질서를 구현하고 지축의 경사가 어찌되었든 땅도 음양오행의 질서를 따르고 있다면, 지상의 기후 변화나 인간은 물론이고 오행으로 분류된 동식물도 오행의 질서를 구현하게 된다. 그렇다면 음양오행의 질서를 오운이나 육기, 천간과 지지로 더 확장해서 수리화하거나 논리화한다면 오행으로 구성된 '만물'의 변화를 파악할 수 있을 것이다. 이에 따라 해와 달, 더 나아가 일과 시에 오행 가운데 어떤 기운이 크게 넘치거나 모자란다면, 음양오행의 질서에 따라서 넘치는 것은 덜고 모자라는 것은 더해서 모종의 대응 전략을 세울 수 있을 것이다. 또한 그해의 기운에 맞는 농작물을 선택해서 재화를 늘릴 수 있을 것이다. 이러한 발상은 계속해서, 《황제내경》에서는 뚜렷하게 드러나지 않지만, 인간의 운명을 계산하는 데에도 이용된다. '우리는 주어진 시간에 주어진 장소에서 태어난다. 그리하여 마치 최상품의 포도주처럼, 우리의 탄생을 증언하는 그해 그 계절의 성질을 지닌다.' 이러한 발상은 그렇게 억지스러워 보이지 않는다. 단, 대우주의 필연적이고 연역적인 체계 속에서는 소우주인 인간의 의지가 약화되기 때문에 자칫 선택의 자유가 인간에게 주어지지 않을 수 있다는 것이 이 체계의 약점이다. 그러나 이 필연과 자유 의지의 문제는 간단하게 생각할 일이 아니다. 《황제내경》의 운기학의 체계를 비판할 수 있는 한 가지 단서는 되겠지만 운기학이 그렇게 만만하게 수긍하지는 않을 듯하다. 예를 들어 인간 정신의 무의식의 세계를 탐구하는 데 운기학이 어떤 통찰을 줄 것으로 생각된다.

서양의 원형과학의 하나였던 연금술이나 점성술이 인간 무의식의 구조를 밝히는 데 도움을 주었듯이 운기학도 인간의 무의식의 구조와 법칙을 해명하는 데 활용될 수 있을 것이라 생각된다. 그러나 이러한 방면의 연구는 아직 구체적인 성과물이 없는 것으로 보인다. 한의학의 미래적 사유 가능성의 한 가지 단서로 추측되고 있을 뿐이다.

간지의 운용 법칙은 음양오행을 '프로그램화'하는 방법이다. 여기에는 세 가지 방법이 있는데, 첫 번째는 천간에 오행을 배당해서, 갑기甲己 - 토土/을경乙庚 - 금金/병신丙辛 - 수水/정임丁壬 - 목木/무계戊癸 - 화火를 만들어 토운土運/금운金運/수운水運/목운木運/화운火運을 성립한다. 두 번째는 지지에 오행을 배당해서, 해자亥子 - 수水/인묘寅卯 - 목木/사오巳午 - 화火/신유申酉 - 금金/진술축미辰戌丑未 - 토土의 결과를 얻는다. 마지막으로 지지에 삼음삼양의 육기를 배당한다. 자오子午 - 소음군화少陰君火/축미丑未 - 태음습토太陰濕土/인신寅申 - 소양상화少陽相火/묘유卯酉 - 양명조금陽明燥金/진술辰戌 - 태양한수太陽寒水/사해巳亥 - 궐음풍목闕陰風木이 그것이다.

삼음삼양은 기원과 순서에 대해 논란이 많지만, 〈소문〉 "오운행대론"에 따르면, 천문의 질서에 의해 음양이 삼음과 삼양으로 분화되어 운행된다. 이 삼음삼양이 경락 이론과 연관되는 것은 당연하다. '경락'에 해당하는 영어 단어는 원래 자오선을 뜻하는 'meridian'인데, 이는 하늘의 질서와 인간의 긴밀한 관계를 반영한 것이다. 세부적인 사실은 괄호에 넣은 채, 대우주와 소우주가 상응하고 천문의 질서와 몸의 질서가 상응한다고 보는 기본 발상은 여기에도 적용된다.

번쇄한 관계를 떠나서, 운기학이 질병에 어떻게 적용되는지 간단하게 살펴보자. 예를 들어 정임년丁壬年은 모두 목운에 속한다. 정丁은 목운이 부족하고 임壬은 목운이 지나치게 많다.[67] 목木이 부족하면 금기金氣인 조기燥氣가 유행하고 목이 지나치게 많으면 풍기風氣가 유행한다. 그래서 해당하는 기에 의한 질병이 발생하는데, 여기서는 목기(간과 담)와 금기(폐와 대장)와 관련된 세 가지 장부에서 일어난다. 배 속에서 소리가 나고 가슴과 소장이 아픈 증상은 간에 속하고, 기침하고 코가 막히는 증상은 폐에 속한다. 또 설사를 하고 식욕이 부진하고 몸이 무겁고 배가 부풀어 오르고 구토가 심한 증상은 비위에 속한다.[68]

운기학은 현대 과학의 정교함과 방대한 스케일에 자리를 내준 가장 대표적인 원형과학적 체계라고 할 수 있다. 그러나 한자 문화권은 이러한 기의 사유를 주체적인 입장에서 적극적으로 평가해볼 기회가 없었기 때문에, 운기학을 과학적 성과에 비추어 일찌감치 내버리는 것은 목욕물과 함께 통 속에 든 아이도 함께 버리는 결과가 될지도 모른다. 과학 이론도 인간의 마음의 구조와 닮아 있다는 철학적 통찰을 가지고 운기학에 접근하여 분분한 논의들을 차분히 정리할 필요가 있다고 생각한다.

4. 《황제내경》의 미래 — 생명과 자연의 삶 속으로

《황제내경》은 한자 문화권에서 탄생한 의학의 원형이다. 《황제내경》의 역사는 단절되지 않고 지금까지 영향력을 발휘하고 있다. 이러한 《황제내경》의 역사적 연속성에 놀라움을 금할 수 없다. 《황제내경》은 과학적 합리성에 의해 한때 비합리적인 미신 체계로 조롱받았고, 지금도 인간 사유의 가능성과 인간 지성의 역사적 연속성에 무감각한 사람들에 의해 한없이 폄하되고 있으며, 학문적 체계로 논의되지도 않았고, 대증對症 요법이나 사라지는 게 아쉬운 과거의 토속적 풍경처럼 대접받고 있지만, 자연과 인간에 대한 심오한 통찰을 구하는 사람들에게 많은 깨달음의 계기를 주고 있다.
　《황제내경》의 핵심 사상으로 생각되는 음양오행, 장부론,

경락 이론 등을 살펴보면 삶 속에서 망각했던 자연의 질서를 다시 생각하게 된다. 이 질서는 과장되지 않은, 있는 그대로의 하늘과 땅이 보여주는 완만한 리듬과 변화의 반복을 보여준다. 우리의 삶은 이런 리듬과 변화의 반복 속에 참여하고 있지 못하다. 우리는 좀 더 너른 질서의 마당에서 떨어져 나와 부자연스러운 리듬을 만들고, 반복이 주는 여유로움을 잃은 채 강박적인 되풀이 속에서 삶을 살고 있다.

누군가 어떤 철학자에게 '기가 무엇인가'라고 물었다. 철학자는 '그야 공기지'라고 답했다. 누군가는 시큰둥해져서 그깟 시시한 공기가 기라는 말에 실망했다고 한다. 그런데 사실 우리는 공기에 대해 아는 것이 없다. 물리학에서 말하는 '힘'이 한 떨기 꽃의 개화에 무력한 것처럼, 우리는 생명을 탄생시키고 자라나게 해주는 공기의 '신비'에 대해 무지하다. 공기뿐 아니라 물이나 흙에 대해서도 별반 다를 것이 없어 보인다. 기가 문제가 아니라, 자연을 대표하는 공기, 물, 흙에 대한 무지가 기를 이해하기 어렵게 만들고 있다.

우리는 《황제내경》을 통해 자연을 생명이 없는 물질로 생각하는 우리의 인식에 근원적인 전환이 필요함을 알게 된다. 자연을 무한정한 물질더미로 생각하는 것은 최근에 등장한 인간의 관념 탓이다. 그런데 이런 관념 속에서는 인간도 가치가 없게 된다. 인간이 자신을 바라보는 이미지가 이렇게 되면 삶이 피곤해진다. 우리가 보아온 것처럼 피곤함은 생기가 소진된 시들시들한 상태로 병들어 있다는 증거다. 자연은 만물의 어머니〔萬物之母〕로 생각되었다. 어머니라는 생명의 근원을 이윤과 풍요를 가장한 사적 이기심을 위해 무자비하게 착취하고 고문해온 삶의 방식을 바꾸지 않는 한 사는 것이 계속 피곤해질 것이다. 만물의 어머니인 자연을 삶 가운데로 모시고, 삶을 자연 속에 내맡길 수 있는 삶의 기술art이 양생이라면 《황제내경》은 우리가 잃어버린 그 기술을 알려줄 것이다. 《황제내경》은 말한다. "멋 옛날 우리는 천진했다"고.

1 리 제 호우, 〈진한사상과 음양오행설〉,《음양오행설의 연구》, 김홍경 편역(신지서원, 1993), 356쪽.

2 주석가들 중에서는 其(동방을 가리킴)라고 해야 앞뒤 문장과 잘 연결된다고 지적하는 사람도 있다. 그러나 원문을 있는 그대로 놓고 해석하는 것도 고전을 보는 하나의 방법이다. 여기에서는 원문을 존중해서 그대로 해석한다. 바로 앞의 구절은 동방에만 있고 다른 방위에는 나오지 않는다. 봄이 사계절 중에서 제일 귀하기 때문이다. 이런 맥락에서 신은 '이루 다 예측할 수 없을 정도로 신묘한 음양오행의 변화'로 이해할 수 있다.

3 오행의 상극 관계를 말하고 있다. '금극목金克木'이므로 금기에 속하는 매운맛은 목기에 속하는 신맛을 이긴다고 말하고 있다.

4 오행의 상극 관계를 말하고 있다. '수극화水克火'이므로 수기에 속하는 짠맛은 화기에 속하는 쓴맛을 이긴다고 말하고 있다.

5 오행의 상극 관계를 말하고 있다. '목극토木克土'이므로 목기에 속하는 신맛은 토기에 속하는 단맛을 이긴다고 말하고 있다.

6 오행의 상극 관계를 말하고 있다. '화극금火克金'이므로 화기에 속하는 쓴맛은 금기에 속하는 매운맛을 이긴다고 말하고 있다.

7   오행의 상극 관계를 말하고 있다. '토극수土克水'이므로 토기에 속하는 단맛은 수기에 속하는 짠맛을 이긴다고 말하고 있다.

8   계절을 주관하는 별과 오행의 기운을 연결하고 있다.

9   삼초는 직립한 인체를 기준으로 하여 상초(횡격막 윗부분)·중초(상초와 하초 사이)·하초(배꼽 아래 부분)로 나뉜다. 보통 목구멍에서 위장, 소장, 대장을 거쳐 대소변이 나오는 구멍까지의 부위를 지칭한다.

10 담을 빼고 10개의 장기지만 심心 속에 심포心包의 뜻이 있으므로 11개라고 했다.

11 담은 '몸의 가운데에 거처하는 바른 기관'으로 인식되고 있는 만큼 모든 장부들과 잘 소통할 수 있다. 그래서 담의 기운이 오르면 나머지 장부의 기도 따라 오른다. 이러한 담의 역할을 흔히 '취결어담取決於膽'이라고 부른다.

12 원래는 단중이라고 읽어야 하나, 관습적으로 '전중'이라고 읽는다.

13 12경수는 땅 위를 흐르는 가장 중요한 열두 개의 물 흐름, 예를 들면 강江들을 말한다.

14 12경맥 이외에 기혈의 방향이 일정하지 않은 것을 기경팔맥奇經八脈이라고 하는데 그 가운데 인체의 뒷면을 흐르는 양경陽經을 독맥督脈이라 하고, 독맥과 음양 관계에 있으면서 인체의 앞면을 흐르는 음경陰經을 임맥任脈이라 한다.

15 경락에 생기는 병은 시동병始動病과 소생병所生病 두 가지가 있다. 시동병은 그 경락 자체에만 생기는 병이고, 소생병은 그 경락 자체뿐 아니라 다른 경락에도 영향을 끼쳐 생겨난 병이다.

16 몸이 차갑거나 열이 오를 때를 한열寒熱로 구분하는데, 오래 진행된 병이나 새로 진행되고 있는 병도 한열의 개념으로 구분할 수 있다. 허한 증상이 지나치면 따뜻하게 보호해야 하기 때문에 급작스럽게 시침하지 않고 약간의 시간을 두는 방법(유침법)을 쓰고, 실증이나

열중일 경우에는 병의 기운을 치기 위해 강하고 빠른 방법(속자법)을 쓴다.

17 '크게 뛰고 작게 뛴다'는 것은 인영맥과 촌구맥을 비교해서 느낀 감각을 표현한 것이다. 맥의 빠르고 느림보다는 강하고 약한 세기를 말한다. 그러나 맥이 세더라도 다른 맥에 비해 센 것이고, 약한 것도 다른 맥에 비해 약하다고 이해해야 한다. 진맥할 때는 맥의 양적인 느낌과 질적인 느낌이 섞여 있는데, 직접 체험을 통해 느껴보기 전에는 정확하게 알 수 없다. 맥진을 서술하는 표현들에 비유를 사용하는 것은 이러한 상황을 반영한다(〈7. 진단 방법〉 참고). 덧붙이자면, 진맥의 객관성을 어떻게 수립하는가 하는 문제 역시 한의학의 미래에 중요한 과제이다. 진맥에 관한 이론도 《황제내경》을 시작으로 해서 많은 것이 제시되어왔다. 철학적으로 말해, 침이 단순한 물리적 자극이 아닌 것처럼, 맥도 심장에서 나오는 피가 피부 조직 아래 혈관 벽에 닿아서 생기는 주기적인 파동에 불과한 것이 아니다. 파동만이라면 손끝의 민감도를 훨씬 능가하는 정밀한 측정 기구가 손끝을 대신할 수 있겠지만, 맥은 피라는 물질의 물리적 파동만이 아니라 신기神氣의 흐름까지도 포착한다는 의미에서 측정 기구를 넘어서 있다. 신기란 기를 생명을 함의한 '물질'이라는 점을 염두에 둔다면, 기 가운데 가장 정밀한 기라고 할 수 있다. 이 신기는 환자와 의사의 관계에 대해 생각하게 해준다. 곧 두 생명의 기운의 만남에서 포착되는 생명의 '리듬'을 맥이라 할 수 있다.

18 사법은 사기를 공격하는 데 주안점을 둔 치료 방법이고 보법은 진기를 보호하는 데 주안점을 둔 치료 방법이다. 전자가 공격적인 약과 침을 쓴다면 후자는 심신의 전체적인 신진대사를 강화하는 약, 침 또는 뜸을 쓴다. 이 맥락에서는, 예를 들어 목기木氣인 간肝이 실實하다고 하면 금극목金克木의 원리에 따라, 금기金氣인 폐기肺氣를

강화해서 목기를 공격하는 침을 쓰는 것이 사법이다. 혹은 목기의 간과 음양 관계에 있는 담膽(간의 기운이 크면 상대적으로 담의 기운이 작아지고 그 반대도 성립된다)의 기운을 강화시켜 간의 기운을 덜어내고, 담의 기운을 강화하기 위해 수기水氣인 방광膀胱의 기운을 강화해서 수생목水生木의 관계를 이용하는 것은 보법이다.

19) 손바닥이나 발바닥, 손가락이나 발가락의 감추어진 부분을 백육白肉이라고 한다.

20　1촌은 가운뎃손가락을 고리처럼 굽혔을 때, 두 번째 손가락 마디에 접히는 살의 주름 간의 거리를 말한다. 혹은 엄지손가락 지문 아래의 마디 홈의 길이를 1촌이라고 하는데, 두 가지 방법으로 잰 1촌은 대략 같다.

21　한사寒邪가 간경과 신경을 침범하고 안으로 어혈이 모여 아랫배가 몹시 아프면서 고환까지 끌어당기거나 혹은 하복부에 수포가 생겨 피고름이 모이는 것을 말한다.

22　간 기능에 이상이 생겨 발생한다. 병이 발작하면 소장 부위가 음낭으로 처진다. 반듯하게 누워 있거나 손으로 밀어 올리면 소장이 수축하여 복강 내로 되돌아올 수 있는데 서 있으면 곧 다시 아래로 처진다. 그것이 아래위로 움직일 수 있어 마치 여우가 출몰하는 것과 같다고 하여 이름에 여우를 뜻하는 '호狐'가 들어갔다.

23　기운을 불어넣는 것이 마치 논밭에 물을 대주는 것과 같기 때문에 관개라는 말을 사용한다. 한의학이 인체를 고체 모델이 아닌 액체에 가까운 유동체로 보는 관점을 잘 나타내준다.

24　문지도리란 문을 여닫을 수 있게 벽이나 문기둥에 고정시켜놓은 것으로, 문의 회전과 움직임을 가능하게 해주는 기능 때문에 변화를 만들어내는 중요한 기관을 의미하게 된다. 《장자》의 도추道樞, 인류학자들이 자주 쓰는 돌쩌귀가 이것이다.

25 인체는 세로로는 상·중·하의 세 부분으로 나뉘고, 가로로는 표表·리裏·반표반리半表半裏의 세 부분으로 나뉜다. 가로로 나뉜 것을 삼원이라고 부른다.

26 경맥에서 갈라져 나온 것을 낙맥이라 한다. 낙맥은 전신에 분포되어 있으며, 낙맥보다 더 작고 많은 수로 뻗어 있는 갈래들을 손맥孫脈 혹은 손락孫絡이라 한다.

27 앞에서 말한 바람과 비 같은 기후 조건, 스트레스와 같은 과도한 감정, 지나친 피로(노고, 성행위 등)를 말한다.

28 병든 장기의 오행과 시일의 오행이 상극 관계에 있을 때 병의 고통이 심해진다. 예를 들어, 간이 경신일庚申日, 신유시辛酉時를 만나면 금극목金克木의 상극 관계에 따라——천간과 지지로 보았을 때 경신과 신유는 금이고 간은 목이 되기 때문에——간이 금의 기운을 견디지 못하고 고통이 심해진다. 그와는 반대로 간이 무기일戊己日, 진술축미시辰戌丑未時를 만나면 목극토木克土의 상극 관계에 따라——무기와 진술축미는 토에 속하므로——간이 토의 기운을 견뎌 고통이 덜하다.

29 병기는 자기를 이길 수 있는 장기에 전해지고, 그 장기에 전해지지 못하면 자기를 낳은 장기에 머물러 있다가 자기를 이기는 장기에 전해지는데 그러면 환자는 죽게 된다는 것이다. 예를 들면, 간은 병기를 심장에서 받는데(목생화) 간은 이를 비장에 전해야 한다(목극토). 그런데 비장에 전해지지 않으면 병기는 곧 신장(수생목)에 머물다 더 나아가 폐(금극목)로 전해지게 된다. 폐(금)가 간(목)을 극하기 때문에 간병이 폐병으로 전해질 때는 죽을 가능성이 높다.

30 예를 들어 고약을 붙이는 것을 말한다.

31 열이 맺혀 흩어지지 않고 더러운 것이 음기를 먹어 마치 벌레가 피를 빨아먹는 듯해서 '벌레'라는 이름이 붙었다.

32 침석은 '침'을 말한다. 철로 만든 침이 등장하기 전에는 돌을 갈아 사용했다.

33 진맥에 관한 이론은 매우 다양하다. 이 표는 가장 기본적인 진맥 부위, 뜨고 가라앉음〔浮沈〕이라는 맥상의 형태와 상관 관계를 나타낸 것이다.

34 원명은 '분배장부맥도分配臟腑脈圖'다.《어찬의종금감御纂醫宗金鑑》,《문연각사고전서文淵閣四庫全書》, 第782冊, 子部88, 醫家類(臺北: 臺灣商務印書館, 1985)에서 발췌한 것을 약간 변형했다.

35 일반 맥진법은 주로 촌寸·관關·척尺을 말한다. 촌은 촌구寸口로서, 손목관절에서 팔꿈치의 관절 쪽으로 약 2~3센티미터 되는 곳에 위치한다. 촌구맥寸口脈에서 1촌 정도 되는 곳이 관상맥關上脈이고, 이곳에서 1촌 정도 지나면 척중맥尺中脈이다. 둘째·셋째·넷째 손가락을 붙여서 이곳에 가만히 대고 맥을 가늠한다.

36 오성은 부르는 소리〔呼〕, 웃음소리〔笑〕, 노랫소리〔歌〕, 우는 소리〔哭〕, 신음 소리〔呻〕고, 오음은 각치궁상우角徵宮商羽이며, 오색은 푸른색〔靑〕, 붉은색〔赤〕, 노란색〔黃〕, 흰색〔白〕, 검은색〔黑〕이다.

37 진기는 보호해주고 사기는 덜어주는 치료법이다.

38 본문 바로 아래의 대화를 참조하라.

39 서방은 시간적으로 가을에 상응한다. 오행으로는 금기金氣에 배속된다. 봄·여름·가을·겨울은 공간적으로 동·남·서·북의 순서대로 상응하는 것이 음양오행의 가장 기본이다.

40 '음양응상대론'은 이미 〈2. 음양오행〉에서 다루어진 바 있는데, 이번에는 그 글 중에서 치료에 해당하는 부분을 발췌해 옮겼다.

41 '지진요대론'은 〈8. 치료 원칙과 치료 방법〉에서도 언급된 바 있다. 이번에는 인구에 회자되는 유명한 문구를 일부 발췌해 옮겼다.

42 '매우 강한 약성을 가진 약'은 대독大毒을 번역한 말이다. 약藥은 독

毒의 다른 이름으로, 서로 바꾸어 쓸 수 있는 관계다. 이 관계성은 다름 아닌 음양이라고 말할 수 있는데, 약과 독은 서로 관계가 없는 독립된 두 실체가 아니라 음과 양처럼 상호 관계함으로써 존재한다. 이러한 사유 방식은 《황제내경》을 통해 이제껏 확인할 수 있었다.

43 독성 때문에, 어느 정도 치료가 되면 복용을 중지시킨다. 그리고 무독한 약이라도 오랫동안 복용하면 몸의 기가 한쪽으로 치우치므로 방심할 수 없다. 약은 곧 독이다.

44 사마천의 《사기史記》〈편작창공열전扁鵲倉公列傳〉에는 외과 수술을 집도했던 유부兪跗라는 의사가 나오는데, 이 유부를 귀유구로 보는 설이 있다. 근래에는 유부나 귀유구가 중국식 이름이 아니라 외국어를 음역한 이름이라고 생각해서 그를 페르시아나 인도 계열의 인물로 생각하고 있다. 가노우 요시미츠, 《중국의학과 철학》, 한국철학사상연구회 기철학분과 옮김(여강, 1992), 27~29쪽.

45 오행과 오운이 간지와 맺는 관계가 다르다는 것을 말하고 아울러 삼음삼양三陰三陽에 대해 질문한 것이다. 천간과 오행의 관계는 갑을목甲乙木, 병정화丙丁火, 무기토戊己土, 경신금庚申金, 임계수壬癸水이며 오운은 본문의 순서와 같다. 매해의 지는 자오子午를 만나면 천간이 무엇이든 간에 모두 소음의 사천(司天: 한 해를 주관하는 기)에 속하고, 축미丑未를 만나면 지지가 미未이므로 태음의 사천에 속한다. 다른 것도 이러한 방식을 따른다. 이 책 해제의 〈운기학〉 부분을 참조하라.

46 왕빙王氷은 이것이 전설의 신인神人인 복희씨伏犧氏 때 옥으로 만든 판에다 점후占候를 기록한 성스러운 글이며, 신농씨神農氏 때 귀유구의 10대 조상이 그것을 암기해서 전했다고 말한다. 점후란 기후의 모양을 통해 점을 친다는 의미인데, 여기서 점은 자연의 질서를 파악하는 고대의 원형과학이라고 생각해야 한다. 그래서 왕빙

은《태시천원책太始天元册》을 하늘의 신비로운 질서가 담겨 있는 비전적秘傳的 지식을 적은 글로 생각하고 있다. 이런 설명이 사실에 근거한 것인지는 알 수 없다. 하지만 거짓이라고 말할 수도 없을 것 같다. 귀유구가 서역인이라는 설과 함께 생각해보면, 페르시아나 인도의 천문학의 내용이 담긴 문헌일 것으로 여겨지지만 어디까지나 가설이고, 현재의 우리는 이 책(?)에 대해 충분히 알지 못하고 있다.

47 28수의 명칭은 다음과 같다.

북방현무 7수北方玄武 七宿 – 두斗·우牛·여女·허虛·위危·실室·벽壁
동방창룡 7수東方蒼龍 七宿 – 각角·항亢·저氐·방房·심心·미尾·기箕
남방주작 7수南方朱雀 七宿 – 정井·귀鬼·류柳·성星·장張·익翼·진軫
서방백호 7수西方白虎 七宿 – 규奎·루婁·위胃·묘昴·필畢·자觜·삼參

48 금黔은 '누렇다'는 뜻이고 '금'으로 읽는다.

49 오운의 탄생을 가리키는 말이다. 천지의 기가 무분戊分과 기분己分에서 음양으로 갈라져 나뉘고 합하는 운동을 한다는 의미다. 이로부터 운기학이 시작되었다.

50 도가 계열의 문헌, 예를 들어《열자列子》〈천서天瑞〉,《역위건착도易緯乾鑿度》등이 있다.

51 최승훈,《내경병리학》(통나무, 1993), 47쪽을 참조하라.

52 〈소문素問〉"팔정신명론八正神明論"과 〈영추靈樞〉"구침십이원론九鍼十二原論"편篇을 참조하라.

53 '구허'나 '구령'은 도가 계열에서 붙인 이름으로, 구(九, 9)는 도가 계열에서 중시하는 숫자고 허虛나 령靈은 도가의 가르침을 전하는 핵심적인 용어다. 본래 자연과 인간의 합일을 목표로 하는 도가의 가르침에서는 신체의 단련을 중시하기 때문에,《침경》의 내용을 그 가르침 안에 포섭하기 위해 그러한 명칭을 부여한 것으로 보인다.

54 잘 알려진 특수 상대성 이론에서 유도된 질량 에너지 등가 원리, 곧

E=MC²을 말한다(E는 에너지, M은 질량, C²은 빛의 속도의 제곱).

55 19세기 말에 이르러 근대 과학은 점차 자연 현상의 설명에 만족스러운 답을 주지 못했지만 기본적인 과학 지식들은 여전히 유효한 것으로 받아들여졌다. 그러나 20세기 초에 나타난 상대성 이론과 양자물리학은 근대 과학의 기본 개념을 근원적으로 수정하지 않으면 안 되는, 자연의 질서를 파악하는 새로운 인식을 요구하게 되었다. 절대 공간과 절대 시간에 대한 기본 개념, 기본적 고체 입자, 엄격한 인과율, 자연 현상의 객관적 기술 등에 대한 과거와 다른 새로운 인식이 대표적이다.

56 두 가지 사례를 들어볼 수 있다. 하나는 하이젠베르크의 불확정성 원리다. 이것은 물리학자가 원자原子 이하의 더 극미한 세계를 연구할 때, 전자가 가진 입자와 파동이라는 두 가지 모순되어 보이는 고유한 이중성을 동시에 기술하는 것이 불가능함을 말한다. 이는 미시 세계에서 세계는 어느 순간은 미결정의 상태에 놓여 있음을 의미한다. 미시 세계에 대한 기술은 단지 확률적일 뿐 확정적일 수 없다. 또 하나의 예는 본문 내용과 관련해서, 자연법칙이 통계적 진리라면 자연은 어느 순간에는 인과적이지 않게 움직이게 되므로, 그런 과정에 대한 또 다른 설명 원리가 요구된다는 해석을 들 수 있다. 이것은 인과율과 대등한 원리로 우주에 존재하는 광범위한 우연적인 요인을 강조한다. 우연의 법칙, 동시성의 원리로 불리기도 한다. 이와 관련해서는 융·파울리, 《자연의 해석과 정신》, 이창일·이승일 옮김(청계, 2001), 7~40쪽을 참고하라.

57 황로학의 원류가 직하 학파가 아닌 초나라 지역의 남방 도가라는 지적이 있다. 그러나 이는 세부적인 논의가 필요한 전문적인 내용이므로 여기에서는 새로운 학문의 기풍을 상징하는 뜻으로 직하를 사용하고, 황로학이 직하와 무관할 수 없다는 것을 아울러 지적한다.

58 《주역周易》은 경經과 그 주석인 전傳으로 구성되어 있다. 이 역전을 '십익+翼'이라고 부르기도 한다. 익翼은 주석이라는 뜻이다. 십익의 도가기원설에 대해서는 반론도 많이 제기되는데, 확실한 것은 십익의 사상과 언어 사용은 도가의 그것과 매우 밀접한 관련이 있다는 점이다. 진고응陳鼓應, 《주역, 유가의 사상인가 도가의 사상인가》, 최진석 외 옮김(예문서원, 1996)을 참고하라.

59 철학사에서는 황로학黃老學, 황로지학黃老之學, 황로사상黃老思想으로 서술되는데, 여러 학파의 사상을 절충적으로 결합한 사상 조류로 인식되고 있다. 이 견해에 따르면 황로학은 방임주의적 치술治術이나 미신적 잡학雜學에 머물고 만다. 그러나 여기서는 황로학이 가능했던 한 나라의 하부 구조에 주목하며, 황로학이 여러 학파들의 사상을 종합적으로 흡수한 광범위한 절충적 체계이며, 기라는 개념으로 우주와 세계(인간)를 해석한 한 나라의 새로운 패러다임이라는 점을 강조한다.

60 심포는 삼초와 짝이 되고, 심장은 소장과 짝이 된다.

61 "오장이라고 하는 것은 정기를 저장하지만 몸 밖으로 내보내지는 않으므로 정기가 가득 차 있고 음식물이나 찌꺼기는 없습니다. 육부라는 것은 음식물을 전화하기는 하지만 담아두고 있지는 않으므로 거기에는 음식물이나 찌꺼기가 있지만 정기는 가득 차 있지 않습니다. 이러한 까닭에 음식물이 입으로 들어가면 위는 차 있어도 장은 비어 있습니다. 음식물이 아래로 내려가면 장은 차 있지만 위는 비게 됩니다. 그러므로 차 있지만 가득하지는 않고 가득하지만 차 있지는 않다고 한 것입니다." (〈소문〉 "오장별론")

62 유아사 야수오의 연구를 기본 골격으로 삼았다. 〈더 읽어야 할 자료들〉에 언급된 유아사 야수오의 저서를 참고하라.

63 신身, 체體, 기근는 몸이라는 뜻이지만 자아나 자기 자신을 가리키

며, 마음을 뜻하는 심心과 큰 차이가 없다. 수신修身이나 수심修心은 몸을 닦고 마음을 기르는 것으로 나누어 생각할 수 없으며, 현재의 일상 언어에서도 거의 비슷한 의미로 번갈아 사용된다.

64 경락 실험에서 경락과 피부의 전기 저항을 측정하면서 경락의 존재를 간접적으로 확인한 것은 유명한 일이다. 이 실험의 결론은 경락의 조직은 해부학적으로 인지되지 않으며 감각적으로 인식 불가능하지만 그 기능과 '존재'를 확인할 수 있다는 것이다.

65 이 논법은 고대 서양에서는 아리스토텔레스의 《자연학 *Physisca*》에서 최초로 나타났고, 중세 유럽에는 일일이 헤아릴 수 없을 정도로 예가 많았다. 가장 흔한 예는 점성술에서 쓰이는 황도 12궁과 인체의 상관 관계. 예를 들어 양자리는 하늘에 있는 별들의 배열이기도 하면서 인체에서는 머리를 나타내고, 황소자리는 목을 나타낸다. 다시 말해 인체의 각 부분은 하늘의 기운을 받고 태어난 것이다. 이러한 아날로지는 단순한 비유에 그치는 것이 아니라, 양자리 시기에 탄생한 사람은 다른 황도 12궁 시기에 탄생한 사람보다 머리가 형태나 기능, 병리적 경향성에서 독특한 특성을 지니게 된다. 이슬람의 수피즘, 유대 신비주의 등에서 제작된 상징적 도상들도 이러한 대우주-소우주의 아날로지를 잘 드러낸다. 한자 문화권의 '사주팔자'도 이러한 범주에 속한다. 아날로지를 통한 사유 방식은 흔히 주술적 사유나 토템적 사유로 생각되어서, 문명에 뒤떨어진 원시인의 사유 방식이나 합리적 사유가 출현하기 이전의 미숙한 사유 방식으로 생각되었다. 그러나 인간의 사유에서는 과학적 사유 방식과 아날로지를 통한 사유 방식이 한 벌을 이루고 있다. 두 사유 방식은 상호 대립적인 것이기보다는 상호 보완적인 것이다. 가장 지성적인 과학자도 이러한 아날로지를 통한 사유의 도움 없이는 창조적인 과학 이론을 만들 수 없다. 왜냐하면 지성(과학적 사유)은 사유의

전체가 아니라 사유의 한 축일 뿐이기 때문이다. 그런데 아날로지를 통한 사유 방식의 가장 대표적인 것이 음양오행이다. A. C. 그레이엄, 《음양과 상관적 사유》, 이창일 옮김(청계, 2001)의 서론 부분을 참고하라.

66 신화에 따르면 신들이 싸움을 하다 하늘을 떠받치는 축을 부러뜨려 그렇게 되었다고 한다. 현대 천문학에 따르면 지구의 자전축은 지구의 공전면과 23.5° 기울어져 있다.

67 천간의 '갑을병정무기경신임계甲乙丙丁戊己庚辛壬癸'에서 홀수 자리는 양이고 짝수 자리는 음이다. 그러므로 네 번째 자리인 정은 음이고 아홉 번째 자리인 임은 양이다. 그런데 오운은 태과太過와 부족不足의 구별이 있다. 그러므로 정과 임은 모두 목운에 속하면서 음인 정은 목운이 부족하고 양인 임은 목운이 태과하다.

68 비위脾胃는 토기土氣에 속하는데 토는 목극토木克土나 토생금土生金의 관계에 있다. 그런데 본문에 서술된 증상은 목기에 의해서 일어난 것이지만, 혹은 금기가 지나치게 강해서 자신을 낳아준 토기의 정기를 지나치게 고갈시키는 금모토金母土의 관계가 형성될 수도 있다. 오행의 상생과 상극을 단순한 기계적 관계로 오해할 수도 있지만 실제 관찰에서는 파악하기가 무척 어렵다. 그러나 여기서 말한 금모토의 관계도 근본적으로는 상생과 상극의 관계에 포괄된다.

가노우 요시미츠, 《중국 의학과 철학》, 한국철학사상연구회 기철학분과 옮김(여강, 1992)

이 책의 원전은 《中國醫學の誕生(중국 의학의 탄생)》(도쿄: 도쿄대학출판부, 1987)이다. 중국 선진 시대부터 한대까지 의학의 발전 과정 속에서 사상의 발전 과정을 탐색한 글이다. 의학의 역사만을 다루지 않고 의학과 그 탄생의 배경이 된 사상적 분위기까지 풍성한 자료를 들어 설명하고 있다. 특히 재미있는 것은 중국 의학이 중국의 풍토에서 독자적으로 성립된 것이 아니라 서역에서 유입된 의학에 의해 크게 자극과 영향을 받았음을 확인할 수 있다는 점이다. 전설적인 인물인 편작이나 화타에 대한 저자의 해석은 재미를 더한다. 덧붙여 《황제내경》에서 황제와 문답을 나누는 귀유구鬼臾區라는 인물이 서역의 페르시아 사람이나 인도 사람이라는 가설도 흥미진진하다. 《황제내경》 성립 시기에 광범위하게 전승되었던 의학적 경험들이 어떻게 체계화되고, 이론들이 어떤 유래를 가지고 있는지를 흥미롭게 소개하고 있다.

김용옥, 〈기철학이란 무엇인가〉, 《도올논문집》(통나무, 1992)

이 논문은 철학자 김용옥의 《도올논문집》에 실려 있는데, 논문 앞에 저자 소개가 자세하게 나와 있어서 글의 성격을 짐작하는 데 도움이 된다. 저자는 한의학 연구를 위해 선행되어야 하는 '중국 의학'이라는 관념을 형성시킨 사상적 배경을 대담한 가설을 세워 논구한다. 전문적인 내용이 많지만, 한의학에 대한 관심이 단순한 의학적 지식의 습득을 목적으로 하는 것이 아니라면 진지하게 검토해야 할 문제의식이 드러나 있다. 노장철학과 황로학, 그리고 우리의 주제인 《황제내경》에 대한 철학적 분석을 통해 서구적 세계관을 넘어서는 대안적인 세계관 모색에 초점을 맞추고 있다. 철학과 한의학에 대한 저자의 학문적 열정과 야심은 젊은 사람들에게 시사하는 바가 많을 것이다.

마르크스 칼덴마르크, 《노자와 도교》, 장원철 옮김(까치, 1993)

저자는 프랑스에서 활동하는 유명한 중국학 학자다. 프랑스는 유럽에서 동양학이 발달한 나라로 알려져 있다. 저자 본인도 유명하지만 그의 학맥은 서구 동양학의 담론을 형성한 인물들로 구성돼 있다. 그는 천재적인 중국학 학자라는 찬사를 받는 마르셀 그라네M. Granet와 유명한 동양학 학자인 폴 드미에빌P. Demieville의 문하에서 수업했고, 또 한 명의 저명한 인물인 앙리 마스페로H. Maspero의 뒤를 이어 가르치고 연구했다. 이 책은 《황제내경》을 직접 다루고 있지는 않지만 《황제내경》에 배어 있는 도교적 영향을 잘 전해준다. 《황제내경》은 넓은 의미의 도가, 더 가깝게는 도교적 분위기에서 형성되었다. 도가가 이론적이라면 도교는 실천적이고 종교적이며, 그런 면에서 지극히 '중국적'이라 할 수 있다.

소광섭, 〈오행의 수리물리학적 모형〉, 《과학과 철학》 제4집, 과학사상연구회 엮음(통나무, 1993)

저자는 한의학의 핵심 이론 중 하나인 오행의 상생과 상극의 관계를 근대 과학의 직선적 인과 관계를 대체할 순환적 되먹임feedback의 체계로 생각한다. 짧지만 상상력을 자극하는 참신한 논문이다. 저자는 오행에 대한 수리물리적 해석을 통해서 순환 체계가 '3행'이나 '4행' 또는 '5' 이상의 것이 아니라 '5행'이 될 수밖에 없는 이유를 제시한다. 더욱이 음양과 오행을 붙여 부를 수 있는 수리적 필연성을 해명한 것은 음양오행의 역사에서 매우 중요한 일로 기억될 것이다. 신과학의 입장에서 한의학이 가지고 있는 가치를 잘 보여주는 많지 않은 책 가운데 하나다.

앵거스 C. 그레이엄, 《음양과 상관적 사유》, 이창일 옮김(청계, 2001)

그레이엄은 어떤 의미에서 중국 철학을 서구 철학과 동일한 반열에 놓고 그 가치와 의미를 탐구한 첫 세대였다고 생각된다. 그는 중국 철학을 통해 자신이 살고 있는 서구적 세계의 가장 깊은 사유의 층에 놓여 있는 철학적 사유의 가치를 재조명하고 싶어 한다. 이 책은 구조주의적 방법론을 활용해서 음양오행론과 《주역》의 사유 방식을 해석하고 있다. 구조언어학에 대한 지식을 필요로 한다는 것이 흠일 수 있지만, 음양오행의 사유가 보편적 언어 법칙과 어떠한 관련을 맺고 있는가 하는 것은 동아시아 문화권에서는 보기 드문 문제의식이다. 포스트모더니즘이나 탈근대적 담론 혹은 해체주의에 관심 있는 사람들이 《황제내경》의 사유 방식을 음미할 수 있는 계기가 될 것으로 보인다.

양계초·풍우란 외, 《음양오행설의 연구》, 김홍경 엮고 옮김(신지서원, 1993)

음양오행에 관해 중국 본토와 타이완의 쟁쟁한 중국 학자들이 쓴 글을 재치 있게 옮긴 책이다. 이 책의 강점은 20세기 초부터 오늘날까지의 주도적인 학자들의 견해를 한데 모아놓았다는 것이다. 이 견해들을 대략적으로 분류하면, 어떤 학자들은 음양오행을 통렬하게 비판하며 서구적 근대화를 저해한 미신의 진원지로 규정한다. 어떤 학자들은 철학 사상의 내적 흐름을 중시하고, 오행과 음양의 문헌적 검증을 통해 그 용어와 의미를 명료하게 만들고 있다. 어떤 학자들은 음양오행이 우주의 비밀을 알게 해주는, 중국 문화에 찬란하게 핀 지혜의 보고라고 극찬한다. 이러한 견해들은 현재의 우리가 가지고 있는 음양오행에 대한 견해를 잘 반영하고 있다. 그런데 담론들이 현대로 올수록 음양오행에 대한 평가가 폐기되어야 할 과거의 불합리한 체계라는 평가에서 미래적인 가치를 가진 사유라는 평가로 옮겨가는 추세여서 흥미롭다. 고전을 번역하면서 한문 원문을 제시하지 않아 좀 불편한 감이 있지만, 반면 쉽게 읽을 수 있고, 한 세기 동안 진행된 음양오행론을 짧은 시간에 파악할 수 있다.

유아사 야수오, 〈현대과학의 동양적 심신론〉, 《기술과학과 정신세계》, 박희준 옮김(범양사, 1988)

이 논문은 신과학 운동의 열기가 대단했던 1984년 일본의 스쿠바 대학에서 열렸던 일본과 프랑스 협력 국제 심포지엄에서 발표되었고, 이때의 논문들을 선별해 묶은 책에 수록되었다. 원래의 논문집은 전 5권의 방대한 양이다. 논문의 저자 유아사 야수오湯淺泰雄는 한의학의 경락학과 철학의 문제에 관심을 경주해온 학자다. '신과학'의 가능성과 패러다임을 모색하는 사람답게, 한의학의 인식이 기존의 근대 과학을 지배한 인식의 틀과는 근원적으로 다르며, 미래에 적합한 세계와 인간에 대한 인식을 위해 한의학적 사유 방식이 필요함을 역설한다. 이 논문은 그의 연구 방향과 결과 등을 짧지만 압축적으로 보여주며, 매우 급진적인 문제의식을 담고 있다. 대략 메를로 퐁티M. Merleau - Ponty의 현상학, 한의학의 경락학, 융C. G. Jung의 동시성 원리 등이 그의 논리의 주축을 이루고 있다. 야심 있는 이 일본 학자의 논지를 자세하게 알기 위해서는 영어로 번역된 그의 저서를 읽는 것도 도움이 될 것이다(Yuasa Yasuo, *The Body, Self-Cultivation, and Ki-Energy*, (trans.) Shigenori Nagatomo · Monte S. Hull(Albany: State Univ. of New York, 1993)].

이시다 히데미, 《기 흐르는 신체》, 이동철 옮김(열린책들, 1996)

중국 의학의 신체관을 연구한 저서다. 참고 원전을 살펴보면 《황제내경》은 물론이고 역대 의가들의 문헌이 망라되어 있다. 《황제내경》의 주요 관념들을 항목별로 잘 정리했는데, 의외로 필치가 가볍고 경쾌해서 잘 읽힌다. 중간중간에 여러 의경醫經들과 도장(道藏: 불경의 《대장경》처럼 도가 문헌을 정리해놓은 문헌집) 속의 삽화를 잘 활용하고 있어서 시각적인 즐거움도 준다. 이시다는 동양의 신체를 흐르는 신체, 곧 유동하는 유체流體로 파악하고 있다. 이러한 인식은 몇십 리터의 부피를 가진 고체의 모델로 신체를 이해하고 있는 현대적 관점과 충돌하는 것이나, 의서를 접한 사람들이나 한자 문화권의 고전을 읽은 사람들은 그 주장의 타당성을 쉽게 알 수 있다.

전창선·어윤형, 《음양이 뭐지》(세기, 1994)

음양오행론을 설명한 책들 중에는 명리학命理學과 관련 있는 것들이 많다. 음양오행을 알고 싶은 사람들은 먼저 명리학을 통해서 음양오행을 접하는데, 명리학의 성격상 많은 그림과 도식들이 음양오행에 접근하기 어렵게 만든다. 이 책은 한의사들이 쓴 책으로, 어려운 내용을 쉽게 풀어서 재미있게 전달해준다. 이 책은 많은 사람들의 공감을 얻어 이후 《오행은 뭘까》, 《음양오행으로 가는 길》의 출간으로 이어졌다. 음양오행론의 이해를 돕기 위해 저자들의 장기인 한의학은 물론이고, 천문학이나 풍수지리학 관련 내용들까지 담았다. 하루 이틀 숙독하다 보면 저자들의 안내 덕분에 음양오행이 점점 매력적으로 보이게 될 것이다.

하야시 하지메, 《동양의학은 서양과학을 뒤엎을 것인가》, 한국철학사상연구회 기철학분과 동의과학연구소 옮김(보광재, 1996)

제목이 좀 이상해서 원서 제목(中國醫學は現代醫學を覆すが)과 대조해 보니 중국과 현대를 동양과 서양으로 대치한 것 외에는 가감 없이 그대로 옮겼다. 공연히 동양의 사상을 소리 높여 부르짖는 냄새가 나는 것 같지만, 한번 펴면 시간 가는 줄 모르고 읽을 수 있는 책이다. 저자는 매우 개성이 강하고 세상을 보는 나름의 안목을 가진 사람인 듯하다. 첫머리에 《황제내경》에 대해 문답식으로 써놓은 글은 단순히 문학적인 기술에 그치는 것이 아닌, 치밀한 고증이 뒷받침된 글이다. 웃음을 자아내는 풍자 뒤로 엿보이는 도전적인 태도에 일본도(刀)처럼 날이 서 있다. 사실 이러한 책 제목은 한의학에 기대를 가지고 있는 사람들의 은근한 속내를 호주머니를 뒤집듯 까 보인 것이 아닌가. 중국인도 아니고 서양인도 아닌 일본인의 심성이 밴 문체 속에 저자의 박식이 잘 드러나 있는 독특한 책이다.

한형조, 《왜 동양철학인가》(문학동네, 2000)

《황제내경》은 고전이므로 요즘의 분과 학문처럼 모가 나 있지 않지만, 전문적인 내용이 많기 때문에 독자들은 《황제내경》의 이해를 위한 배경 지식에 소홀할 수 있다. 《황제내경》이 '의가醫家의 종宗'이라면 《황제내경》 성립 이후의 의학의 발전은 《황제내경》과 불가분의 관계에 있을 수밖에 없었을 것이다. 불교가 성대했던 당나라 때는 의학도 그 시대의 패러다임에 영향받았을 것이 당연하다. 또한 송나라 때는 신유학新儒學이 성립되었기 때문에 그와 관련 있는 의학 체계가 성립했으리라는 것은 당연한 일이다. 《황제내경》을 읽을 때 역사적 배경에 자리 잡은 철학 사상을 파악하지 않으면 안 되는 것은 이 같은 맥락에서다. 이 책은 비교적 최근에 출판된 동양 철학서 전반의 현재적 의미를 연구하고 있다. 이런 의도를 가지고 있기 때문에 동양 철학이라는 선입견에도 불구하고 읽는 데 거부감이 적다. 동양학과 다른 분야의 지식을 가진 사람들, 특히 의학을 전공하는 사람들이 인식의 폭과 균형을 확대하는 데 도움이 되리라 생각된다.

《황제내경강의》, 김창민 외 옮김(정담, 1999)

이 책은 중국 고등중의학원교의 《황제내경강의黃帝內經講義》를 선별해서 주제별로 묶은 것이다. 해당 원문을 제시하고 주석을 달았는데 비교적 상세하게 작업해서 이해하는 데 도움이 된다. 분량이 긴 편들에는 중간중간 제목을 달아서 요점을 알기 쉽게 했다. 번역자가 여러 명이기 때문에 문체나 용어가 일관되지 않은 것이 다소 거슬리며, 주석에 원문이 제시되지 않아서 모호한 표현이 보일 경우에 판단하기가 곤란하다. 그러나 《황제내경》 원전에 직접 들어가기 전에 글을 읽고 익숙해지는 데는 지장이 없다.

《황제내경소문·영추》, 홍원식 옮김(전통문화연구회, 1992·1994)

《황제내경》의 여러 판본과 주석을 참고하여 직역한 책이다. 한문에 능숙한 사람이 아니면 읽기가 매우 어렵다. 장점이 있다면 저자가 오래전부터 《황제내경》을 한글로 번역한 경험을 가졌다는 것이다. 또 하나는 직역을 통해 원전의 문장이 가진 통사론적 문법 구조를 명확하게 제시함으로써, 일차적인 오독의 가능성을 줄이고 있다는 것이다. 한문은 어디서 끊어 읽고 붙여 읽느냐에 따라 의미가 쉽게 변하기 때문이다.

《과학사상》(범양사)

과학과 인간의 삶과 문명에 대한 진지한 성찰을 담고 있는 우리나라의
대표적인 과학 사상 잡지로, 가끔씩 동양 의학에 대한 특집 기획과 논문
을 싣는다. 철학과 과학 등 서로 다른 분야에서 활동하는 학자들 간의 자
유로운 대담을 통해 많은 것을 배울 수 있어 유익하다. 다음과 같은 글을
참조할 만하다.

김용옥, 〈음양오행을 과학이랄 수 있는가?〉(권두논문); 정우열·전세일·
서정선, 〈동양의학과 서양의학〉(특집, 《동양의학과 황제내경》의 홍원식과 김
남두의 대담을 참고하라). 이상 《과학사상》 제5호(1993, 봄/여름)

전세일, 〈현대의학과 대체의학〉(권두논문); 이종찬·김종열·정우열·신용
철·허정, 〈대체의학에 관한 성찰〉(특집). 이상 《과학사상》 제39호(2001,
겨울)

강신익, 〈동·서 의학의 지적 전통과 세계관〉(권두논문); 최종덕·박석준·
소광섭·여인석·안규석, 〈한의학, 동양철학, 그리고 현대과학〉(특집); 허
훈, 〈대체요법의 분류와 한국 대체의학의 발전방향〉(논단); 이종찬, 〈김
두종과 한국 의약의 근대성: 동아시아 의학사를 향하여〉(논단). 이상 《과
학사상》 제47호(2003, 겨울)

한의학 고전DB

https://mediclassics.kr/

이곳을 방문하면 한글로 번역된 한의학 고전을 마음껏 볼 수 있다.《황제내경》의 〈소문〉과 〈영추〉는 물론이고, 허준의 《동의보감》과 이제마의 《동의수세보원》도 확인할 수 있다. 이 사이트는 한국한의학연구원(https://kiom.re.kr/)에서 구축했다. 이 연구원은 한의학이 현대 세계에 기여할 수 있도록 발전 방향을 모색하기 위해 1994년에 국가 주도로 설립된 공공기관이다.

옮긴이에 대하여

이창일gann@naver.com

1969년 서울에서 태어났다. 고려대학교 심리학과를 졸업하고 한국학중앙
연구원에서 철학 박사학위를, 서울불교대학교에서 상담심리학 박사학위를
받았다. 지금은 한국학중앙연구원에서 책임연구원으로 재직하면서, 동아시
아 자연학과 인간학의 미래 비전을 제시하는 연구와 활동을 하고 있다.

지은 책으로 《수치》,《까르마에토스 성격유형학》,《민중과 대동》,《주역점
쾌》,《주역, 인간의 법칙》,《한국의 동물상징》,《성리학의 우주론과 인간학》,
《소강절의 철학》,《사상의학, 몸의 철학 마음의 건강》 등이 있다. 옮긴 책으
로는《융 학파의 꿈 해석 매뉴얼》,《융의 적극적 명상》,《심경발휘》,《심학지
결》,《심리학의 도》,《자연의 해석과 정신》 등이 있다.

황제내경

초판 1쇄 발행 2004년 4월 15일
개정 1판 1쇄 발행 2023년 8월 9일
개정 1판 2쇄 발행 2023년 12월 22일

지은이 황 제
옮긴이 이창일

펴낸이 김준성
펴낸곳 책세상
등록 1975년 5월 21일 제2017-000226호
주소 서울시 마포구 동교로 23길 27, 3층 (03992)
전화 02-704-1251
팩스 02-719-1258
이메일 editor@chaeksesang.com
광고·제휴 문의 creator@chaeksesang.com
홈페이지 chaeksesang.com
페이스북 /chaeksesang **트위터** @chaeksesang
인스타그램 @chaeksesang **네이버포스트** bkworldpub

ISBN 979-11-5931-941-9 04080
      979-11-5931-221-2 (세트)